HEYNE<

Das Buch

Wie man sein Leben in den Griff bekommt und die Seele aufbaut, zeigt Gabrielle Bernstein in 108 einfachen Verhaltensübungen, die wir jeden Tag praktizieren können. Sie wendet sich an Menschen, die keine Zeit haben, jeden Tag eine Yoga-Klasse zu besuchen oder eine Stunde zu meditieren. Gegen Ärger, Stress, Burnout, Frust und Neid greift Gabrielle Bernstein auf alte spirituelle Weisheiten zurück – verpackt in eine Sprache, die man heute versteht.

Mit Meditationen und Übungen, um sich gegen den modernen Alltagsstress zu wappnen.

Die Autorin

Gabrielle Bernstein ist eine der beliebtesten und erfolgreichsten spirituellen Lehrerinnen einer jungen Generation. Über die Social-Media-Netzwerke und ihre Vortragsreisen erreicht sie Tausende Menschen rund um die Welt. Sie schreibt regelmäßige Kolumnen für die deutschen Ausgaben von *happinez* und *myself Magazin Online*.

www.GabbyB.tv

Gabrielle Bernstein

Du bist dein Guru

108 Hilfen für ein wunderbares Leben

Aus dem Amerikanischen übersetzt
von Marita Böhm

WILHELM HEYNE VERLAG
MÜNCHEN

Der Verlag weist ausdrücklich darauf hin, dass im Text enthaltene
externe Links vom Verlag nur bis zum Zeitpunkt
der Buchveröffentlichung eingesehen werden konnten.
Auf spätere Veränderungen hat der Verlag keinerlei Einfluss.
Eine Haftung des Verlags ist daher ausgeschlossen.

Verlagsgruppe Random House FSC® N001967

2. Auflage
Taschenbucherstausgabe 10/2016
Copyright © 2014 by Gabrielle Bernstein
Copyright © 2014 der deutschsprachigen Ausgabe by L·E·O Verlag
in der Scorpio Verlag GmbH & Co. KG, München
Copyright © 2016 dieser Ausgabe by Wilhelm Heyne Verlag, München,
in der Verlagsgruppe Random House GmbH,
Neumarkter Straße 28, 81673 München
Alle Rechte sind vorbehalten. Printed in Germany
Lektorat: Daniela Graf
Umschlaggestaltung: Guter Punkt, München, unter Verwendung
des Originalcovers (© Torge Niemann, WRAGE)
Satz: Leingärtner, Nabburg
Druck und Bindung: GGP Media GmbH, Pößneck
ISBN 978-3-453-70297-4

www.heyne.de

*Für meine großartigen spirituellen Lehrerinnen
Marianne Williamson und
Gurmukh Kaur Khalsa.*

*Danke, dass ihr mich daran erinnert habt,
dass das Licht, das ich in euch sehe, eine
Reflexion meines eigenen Lichtes ist.*

INHALT

Einführung 11

#1 Glücklichsein ist eine Entscheidung, die du triffst. 17

#2 Kehre vor deiner eigenen Tür. 19

#3 Um dich unterstützt zu fühlen, unterstütze dich selbst. 21

#4 Frieden ist in deinem Puls. 23

#5 Warum rede ich? 26

#6 Frieden beginnt bei dir. 27

#7 »Das Wunder kehrt leise ein.« 29

#8 Wiedergabelisten mit positiven Inhalten bringen es. 31

#9 »Wenn du dich hilflos fühlst, hilf anderen.« 33

#10 Schlafen ist eine spirituelle Praxis. 35

#11 Beunruhigtsein ist ein Gebet für Chaos. 37

#12 »Unsere Geister sind verbunden.« 38

#13 Wo ist die Liebe? 41

#14 Mach damit Schluss! 43

#15 Sprenge die Blockaden mit dem Feueratem. 45

#16 Mach dir Vergebung zur Gewohnheit. 47

#17 Meditiere, um Wut aus der Kindheit loszulassen. 49

#18 Frage einfach! 52

#19 Sei kindlicher. 55

#20 Absichten entfalten sich, wenn man sie teilt. 58

#21 Medi-Dating für ein Date. 61

#22 Leg das Lampenfieber ab. 64

#23 Bete, bevor du bezahlst. 66

#24 Stell keine Vergleiche mehr an. 68

#25 Klopf diesen Stress weg! 70

#26 Denk dich da wieder hinaus. 76

#27 Vergib und lösche. 79

#28 Teile Komplimente aufrichtig und großzügig aus. 81

#29 Du bist nicht identisch mit deinen Gewohnheiten. 83

#30 Benutze eine »Rucksack«-Meditation. 86

#31 Sei der Leuchtturm. 89

#32 Nimm ein Lichtbad. 93

#33 Lass einen starken energetischen Eindruck zurück. 95

#34 Sei eine Liebesmaschine. 97

#35 Überantworte deine Zwangsvorstellungen. 99

#36 Beweg dich durch die Blockaden hindurch. 101

#37 Teile dein Licht mit der Welt. 103

#38 Betrachte den Quälmeister als einen Lehrmeister. 106

#39 Lass dich einfach blicken. 108

#40 Meditation zur Überwindung von Sucht 110

#41 Bewältige deine Angst infolge eines schrecklichen Ereignisses. 113

#42 Achte dein Geld, und dein Geld wird dich achten. 115

#43 Ich entscheide mich stattdessen für Frieden. 117

#44 Starte gut in den neuen Tag mit dem richtigen Fuß. 119

#45 Lass Frieden deine Reaktion sein. 121

#46 Miss deinen Erfolg daran, wie viel Spaß du hast. 123

#47 Deine Präsenz ist deine Kraft. 125

#48 Löse innere Konflikte. 129

#49 Schütze dich vor schlechter Energie. 131

#50 »Die Liebe wird unverzüglich in jeden Geist einkehren, der sie wahrhaft will.« 134

#51 Lass Leute herumzetern, wenn sie das wollen! 136

#52 Meditiere, um von Irrationalität loszukommen 138

#53 Wertschätze dich selbst, und die Welt wird dich wertschätzen. 14

#54 Es findet sich immer eine Lösung, die dem höchsten Wohl dient. 143

#55 Stell deine Verspannung auf den Kopf. 145

#56 Gib mehr von dem, was du bekommen möchtest. 148

#57 Überantworte alles. 150

#58 Tapping gegen Schmerzen. 153

#59 Halte dich an deine Verpflichtungen. 157

#60 Feiere deine kleinen Erfolge. 159

#61 Um den Frieden zu wahren, bleib dir treu. 161

#62 Lege eine einminütige Pause ein, um dankbar zu sein. 164

#63 Manchmal ist ein NEIN die liebevollste Antwort. 166

#64 Stille ist der Schlüssel zum Erfolg. 168

#65 Meditiere, um Ausraster zu verhindern. 170

#66 »Verstehe durch Mitgefühl, sonst missverstehst du die Zeit.« 173

#67 »Fördere das, was du liebst, statt schlechtzumachen, was du hasst.« 175

#68 Werde mit den Gegnern fertig. 177

#69 Du kannst alles haben – zur rechten Zeit. 179

#70 Finde spirituelle beste Freunde. 181

#71 Ausruhen, entspannen, erneuern. 184

#72 Lass das Universum sein Ding drehen. 188

#73 Gib deinem Gehirn eine Pause. 190

#74 Hör auf, so verdammt negativ zu sein. 192

#75 Mach deinen Darm frei, mach dein Leben frei. 194

#76 Löse deinen energetischen Schwitzkasten. 196

#77 Mach dir die Fähigkeit zur Empathie zunutze. 199

#78 Kümmere dich um deinen Geist. 202

#79 Verschaff dir einen natürlichen Liebesrausch. 204

#80 Die Eigenschaften, die wir bei anderen nicht mögen, sind verleugnete Teile unseres Schattens. 206

#81 Fälle Entscheidungen leicht und locker. 208

#82 Tanz nicht um die Grenze dessen, der du sein möchtest, herum. Stürz dich ganz hinein. 211

#83 Vergebung ist gleich Freiheit. 214

#84 Beginne, wenn es Zeit für dich ist, und der Druck wird weichen. 217

#85 Innige Beziehungen können dein größtes Lernmittel sein. 219

#86 Sei unbeschwert beim Lernen. 222

#87 Vertraue deinem Bauchgefühl. 224

#88 Ändere deine Stimmung mit einem Ritual. 226

#89 Mach Geld und wirke Wunder. 228

#90 »›Nein‹ ist ein vollständiger Satz.« 231

#91 Meditiere für ein besseres Gedächtnis. 234

#92 Gib dir die Erlaubnis zu fühlen. 237

#93 Meditiere mit einer Mala. 240

#94 Sprich mit dem Universum. 242

#95 Du musst deine Bestimmung nicht suchen, deine Bestimmung wird dich finden. 245

#96 Deine Augen werden sehen, was du dir wünschst. 247

#97 Atme wie ein Hund, um dein Immunsystem anzukurbeln. 250

#98 Zügele deinen Stift und deine Zunge. 252

#99 Hör auf, dich in irgendetwas hineinzusteigern. 254

#100 Tank Energie, wenn du zu wenig Schlaf gehabt hast. 257

#101 Lebe in einer urteilsfreien Zone. 259

#102 Wenn im Zweifel, spiele es durch. 261

#103 Wie würdest du leben, wenn du wüsstest, dass du geführt wirst? 263

#104 Sieh der Wahrheit ins Gesicht. 266

#105 Echter Reichtum ist ein innerer Job. 269

#106 Wiederholung von neuem Verhalten bewirkt bleibende Veränderung. 271

#107 »Lehren ist Lernen.« 273

#108 Du bist dein Guru. 276

Danksagung 279
Über die Autorin 281

EINFÜHRUNG

Ich glaube nicht an Wunder. Ich verlasse mich auf sie.

– Yogi Bhajan

Im Laufe der letzten Jahre haben sich unsere kollektive Negativität und Angst nachteilig auf die Wirtschaft, die Umwelt und die Gesundheit aller Wesen auf diesem Planeten ausgewirkt. Infolge neuer Technologien, der globalen Erwärmung, Finanzkrisen, Gewaltverbrechen, politischer Unruhen und planetarischer Veränderungen reagieren wir empfindlicher auf die Energie um uns herum und das Tempo des Lebens. Die Welt ist schnelllebiger geworden, und die Veränderungen, die wir erleben, können schwer zu steuern sein. Es ist eine intensive Zeit, die als sehr unangenehm und oft sogar lähmend empfunden werden kann. Ohne eine klare Richtung vor Augen können Menschen das Gefühl haben, nicht in Harmonie mit ihrer Bestimmung, ihren Beziehungen und ihrer allumfassenden Verbindung mit der Welt zu sein.

Gerade jetzt befinden wir uns in einer besonderen und einflussreichen Lage, weil die Welt ein spirituelles Erwachen erfährt. Wenn sich die Energie beschleunigt, ist kein Platz mehr da fürs Tiefstapeln, und nichts kann verborgen bleiben. Irgendwann werden alle Lügen ans Tageslicht gebracht, und die Wahrheit kommt heraus, wie sehr wir auch versuchen mögen, sie unter den Teppich zu kehren. Zyniker strömen in die Yogastudios, und der spirituelle Chor wird immer größer. Der Ruf nach mehr Lichtarbeitern wird immer lauter, und jetzt ist der richtige Moment für uns gekommen, uns zu erheben und mehr Positivität in die Welt zu bringen. Wenn die Massen anfangen, mit einer Energie der Liebe zu schwingen, wird die Welt nicht länger ein Behälter für Krieg, Gewalt und Lügen sein.

Dieses Buch wird dich auf den richtigen Weg bringen und dir helfen, dich von Angst und Anspannung zu befreien, sodass du schnell deine Blockaden durchbrechen kannst. In der heutigen Zeit benötigen wir Methoden, die schleunigst unseren Stress und unsere Angst beseitigen, weil wir in der Regel einfach keine Zeit haben, jeden Tag eine Stunde Yoga zu machen oder uns für eine 30-minütige Meditation hinzusetzen, wann immer uns innere Unruhe überkommt. Wir müssen also unbedingt Hilfsmittel parat haben, mit denen wir augenblicklich Veränderungen herbeizuführen vermögen.

Dieses Buch bietet seelenvolle Methoden, um Frieden zu erlangen, Methoden, die einigen der größten spirituellen Lehren der Welt entnommen wurden. Das Einzigartige an diesen von mir ausgewählten Techniken ist, dass du sie jederzeit sofort einsetzen kannst, um deinen Stress und deine Ängste loszuwerden – auch wenn du nur eine Minute Zeit hast. Seien wir mal ehrlich: Wir sind schon zur Genüge überfordert. Unsere spirituelle Praxis sollte nicht auch noch zu dieser Überforderung beitragen. Vielmehr sollte sie darauf ausgerichtet sein, Gefühle von Stress und des Überfordertseins schnellstens zu überwinden, sodass sich wieder eine Leichtigkeit in unserem Leben einstellt. Dieses Buch ist wie eine Dampfwalze, die Stress plattmacht.

Du bist dein Guru enthält 108 Techniken gegen die häufigsten Probleme, mit denen wir es zu tun haben. Jeder Technik ist ein Kapitel gewidmet, in dem das jeweilige Pro-blem beleuchtet wird. Es folgen spirituelle Prinzipien, Meditationen und praktische Werkzeuge zur sofortigen Anwendung. Jede Technik wird Schritt für Schritt leicht verständlich erklärt und durch tief greifende spirituelle Wahrheiten, lebensverändernde Kundalini-Meditationen und Lektionen und Prinzipien aus dem metaphysischen Werk *Ein Kurs in Wundern* ergänzt.

Als Schülerin und Lehrerin für *Ein Kurs in Wundern* und Kundalini-Yoga und -Meditation habe ich es zu meiner Mission gemacht, diese lebensverändernden spirituellen Wahrheiten allen Suchenden zugänglich zu machen. *Ein Kurs in Wundern* ist ein Lehrbuch für das Selbststudium, das auf dem Prinzip basiert, dass wir, wenn wir uns für Liebe statt für Angst entscheiden, wundersame Veränderungen erfahren werden. Der *Kurs* hebt die Praxis, unsere Ängste in die Obhut unseres inneren Führers zu übergeben, hervor und legt besonderen Nachdruck auf Vergebung. Denn erst durch die Erfahrung von Vergebung werden wir wahren Frieden erlangen.

Kundalini ist das Yoga des Bewusstseins und legt den Schwerpunkt darauf, die Intuition zu entwickeln und das Energiefeld zu stärken. Es geht darum, das schöpferische Potenzial eines Menschen zu aktivieren, was ihm dazu verhilft, feste Wertvorstellungen zu haben, wahrhaftig zu sein und sich auf Mitgefühl und Bewusstheit zu konzentrieren. Yogi Bhajan, ein Yoga-Meister, machte Kundalini-Yoga 1969 im Westen bekannt. Yogi Bhajan brachte uns diese Lehren in dem Wissen, dass wir die Kundalini-Methoden benötigen würden, um die Energie dessen, was kommen würde, auszugleichen. In den 1970er-Jahren prophezeite Yogi Bhajan, dass diese Zeiten turbulent sein würden. Er sagte dazu: »Die geistige Kapazität wird ihr Optimum erreichen, um mit dem Alltagsleben fertigzuwerden. Die Welt wird immer kleiner und kleiner und kleiner werden. Die Lebenskraft des Menschen muss also immer größer und größer und größer werden.« Er sah es als seine Aufgabe an, uns die Werkzeuge an die Hand zu geben, um unser Nervensystem zu beruhigen, unsere Energie wiederherzustellen und Mitgefühl zu kultivieren.

Es ist eine große Ehre, die Prinzipien sowohl von *Ein Kurs in Wundern* als auch des Kundalini-Yoga in diesem Buch weiterzugeben. Diese Werkzeuge werden dir helfen, all das aufzulösen, was deine Verbindung zu deiner inneren Kraft blockiert. Wende diese Techniken an, und Angst wird wegschmelzen, Inspiration sich einstellen und ein Gefühl des Friedens einkehren. Und, was am wichtigsten ist, du wirst eine Beziehung zu der Kraft in dir aufbauen – und die Verbindung zu dieser Kraft ist von grundlegender Bedeutung. Die Kraft, von der ich spreche, ist deine Verbindung zur Liebe. Je stärker wir uns auf unsere Frequenz der Liebe einstimmen, umso mehr Liebe wird sich auch verbreiten. Wenn der Trend hin zur Liebe geht, bleibt kein Platz mehr für Gewalt und Krieg. Vertraue mir, wenn ich sage: Deine Praxis ist entscheidend für das Erwachen der Welt. Die Energie eines jeden Menschen zählt.

Es gibt noch einen anderen Grund, warum diese Techniken so wichtig sind, und der betrifft nicht nur uns: Wenn wir uns vom Stress in unserem Leben befreien, helfen wir anderen, es uns gleichzutun. Denk mal darüber nach. Wenn du völlig genervt einen Raum betrittst, ziehst du sofort die Energie herunter – deine Freunde, Familie, Kollegen, selbst Fremde können deine Anspannung spüren und fühlen sich unbehaglich. Aber wenn du in einem Zustand der Ruhe und des Friedens eintrittst, verbreitest du Anmut und Leichtigkeit. Diese Anmut wird allen in deiner Nähe unmittelbar zuteil, selbst wenn sie das nicht bewusst wahrnehmen.

Deine Energie ist mächtiger, als du es dir vorstellen kannst. Da ist Energie in den Worten, die du von dir gibst, in deinen E-Mails und in deiner physischen Präsenz. Wenn wir aus einem ängstlichen, energiearmen Zustand heraus wirken, können unsere Gedanken und unsere Energie die Welt buchstäblich vergiften. Wenn wir dagegen von einem Ort positiver Energie aus agieren, wird die Welt um uns herum positiver.

Die Wahrheit ist, dass Angst nicht neben Liebe existieren kann. Wir müssen also lernen, wie wir all das, was uns von der Liebe trennt, auflösen, indem wir die Verant-wortung für unsere Energie übernehmen. Auf diese Weise werden wir die Energie um uns herum anheben.

Damit diese Praxis noch tiefer greift, setze ich dich als Wunder-Boten ein. *Ein Kurs in Wundern* lehrt, dass, wenn zwei oder mehr Menschen im Namen der Liebe zusammen-kommen, ein Wunder geschieht. Beim Anwenden dieser Methoden wirst du also dazu angeleitet, sie mit anderen zu teilen. Jede tägliche Übung ist auf eine 140-Zeichen-Erklärung reduziert. (Und ich *weiß*, dass du mit 140 Zeichen klarkommen kannst.) Teile sie, sobald du sie kapiert hast. Du kannst die Botschaft auf Twitter, Pininterest, Facebook oder Instagram posten. Jede Wunder-Botschaft endet mit dem Hashtag #DuBistDeinGuru. Die Verwendung des Hashtags soll sicherstellen, dass deine Tweets einen Trend setzen. Es gibt keinen besseren Trend als den Trend der Liebe. Wenn du inspiriert bist, ist es wichtig, die Botschaft weiterzugeben. Meine Hoffnung und Absicht ist es, dich mit durchschlagen-den spirituellen Prinzipien, transformierenden Medita-tionen und Achtsamkeitsübungen auszurüsten, die dir helfen wer-den, dein Potenzial größtmöglich zu nutzen, ein freudvolleres Leben zu führen und in einer umfassenderen Weise zu dienen. Der Lohn ist enorm, wenn du diesem Plan folgst: Du wirst dich fantastisch fühlen! Die Wunschliste deiner Lebensträume wird zu deiner Realität werden, und das Leben, das du führen wirst, wird deine wildesten Träume übertreffen. Es ist super-wirksam, diese einfachen Techniken jeden Tag in die Tat um-zusetzen – weil Wunder aus neuen Mustern und Veränderungen in deiner Wahrnehmung erwachsen.

Setze diese Prinzipien um und du wirst dich schnell durch jeglichen Schmerz hindurchbewegen, der dich zurückhält, und Platz schaffen für eine reichere Erfahrung. Und damit meine ich jeden Aspekt deines Lebens: deine Beziehungen, deine Arbeit und deine Finanzen, deine Gesundheit, dein Selbstgefühl und so weiter. Und, was am wichtigsten ist, du hast ein ganzes Arsenal an spirituellen Techniken, um die wilde Energie dieser Zeit in den Griff zu bekommen.

Es ist gut, wenn du während dieser Reise völlig offen für jede Technik bist, egal wie deine erste Reaktion darauf ausfällt. Ich hoffe, dass du jede wenigstens einmal ausprobierst. Lass dich einfach überraschen. Dann kannst du dich entscheiden, welche Methoden sich am besten für dich eignen. Selbst wenn du nur eine einzige regelmäßig praktizierst, wirst du wundersame Wandlungen erleben.

Lass uns nun diesen Wunder-Zug aufs Gleis setzen und uns auf den Weg machen, um unsere Blockaden zu durchbrechen, uns von Sorgen und Ängsten zu befreien und ein unbeschwertes Leben zu führen. Fangen wir jetzt also an, Wunder zu wirken!

#1: GLÜCKLICHSEIN IST EINE ENTSCHEIDUNG, DIE DU TRIFFST.

Wann immer ich nach der wichtigsten Lektion, die ich gelernt habe, gefragt werde, antworte ich: *Glücklichsein ist eine Entscheidung, die ich treffe.* Es ist sehr einfach, außerhalb unserer selbst nach dem Glück zu suchen: in einer Beziehung, einem Traumjob oder dem perfekten Körpergewicht. Diese Jagd nach dem Glück im Außen bedeutet nichts anderes, als Gott an den falschen Orten zu suchen. Sie beruht auf falschen Projektionen, die wir auf die Welt richten. Diese Projektionen errichten eine Mauer vor dem wahren Glück, das in uns ruht. Diese erste Übung wird dir helfen zu verstehen, dass nichts »dort draußen« dich vor dem Konflikt bewahren kann, der in dir liegt. Wenn du dein Leben ganz und gar genießen willst, musst du ein reiches Innenleben entwickeln.

Jedes Mal, wenn es uns gelingt, uns fürs Glücklichsein zu entscheiden, erleben wir ein Wunder. Unser Geist löst sich von angsterfüllten Täuschungen und verbindet sich wieder mit unserer Wahrheit, die Liebe ist. Um diese Veränderungen bewirken zu können, ist hingebungsvolle Bereitschaft dafür, Liebe zu wählen, vonnöten.

Beginne mit deiner Bereitschaft dafür, dich neuen Vorstellungen zu öffnen, indem du auf Gedanken achtest, die darauf abzielen, dich und andere anzugreifen. Wann immer du bemerkst, dass deine Gedanken in den Angriffsmodus übergehen, sage laut oder zu dir selbst: *Glücklichsein ist eine*

Entscheidung, die ich treffe. Mache diesen Satz zu deinem Mantra.

Je häufiger du dich darin übst, statt Angst Glück zu wählen, umso glücklicher wirst du sein. Das ständige Wiederholen eines neuen Verhaltens führt zu einer dauerhaften Veränderung. Wiederholst du ein neues Muster oft, veränderst du damit buchstäblich die neuralen Bahnen in deinem Gehirn. Dies wiederum trägt dazu bei, dass sich echte Veränderung verankert.

Glücklichsein ist deine Entscheidung. Du kannst heute diese Wahl treffen.

Jetzt ist es an der Zeit, die Liebe zu verbreiten! Du kannst folgende Wunder-Botschaft twittern, facebooken, pinnen, mailen, auf Instagram posten. Wiederhole sie immer wieder. Tue anderen etwas Gutes, indem du die Botschaft in die Welt hinausträgst:

Wunder-Botschaft #1:
Glücklichsein ist eine Entscheidung, die ich treffe.
#DuBistDeinGuru

#2: KEHRE VOR DEINER EIGENEN TÜR.

Wenn du ein wunderbares Leben führen willst, musst du bereit sein, dir dein Verhalten anzuschauen und Verant-wortung für das Leben, das du bisher erschaffen hast, zu übernehmen. Die erste Technik hat dir dabei geholfen zu verstehen, dass Glücklichsein eine Entscheidung ist. Jetzt ist es an der Zeit, dieses Verständnis zu vertiefen, indem du begreifst, warum du dich für Angst statt für Glück entschieden hast.

Diese Übung wird dir helfen, der neutrale Beobachter oder Zeuge deiner Ängste zu werden. Erstelle eine Liste deiner zehn größten Ängste. Sei bei der näheren Betrachtung deiner Ängste ehrlich im Hinblick darauf, wie sie dein Leben dominiert haben. Werde dir bewusst, wie deine Gedanken deine Realität erschaffen haben.

Schreibe dann neben jeder Angst den Grund dafür auf, warum du glaubst, dass diese Angst real ist. Schreibe so wenig oder so viel, wie du möchtest. Es gibt hier nur eine Regel: Sei ehrlich. Vielleicht findest du heraus, dass deine Angst auf einer früheren Erfahrung beruht, die du seit Jahrzehnten ständig wiederholst. Oder vielleicht wird dir klar, dass sich deine Angst auf ein Ereignis in der Zukunft bezieht, etwas, was noch gar nicht eingetreten ist. Während du deine Ängste genau unter die Lupe nimmst, wirst du nach und nach erkennen, dass viele von ihnen lediglich Falschaussagen sind – nicht der wirklichen Lage entsprechende Darstellungen eines

Sachverhalts. Wenn du dich nach diesen Falschaussagen orientierst, erzeugst du Chaos in deinem Leben.

Diese Übung wird dich anleiten, dich stärker darauf zu konzentrieren, vor deiner eigenen Tür zu kehren und Verantwortung für die Welt zu übernehmen, die du siehst. Sie bringt eine Menge komische Gefühle an die Oberfläche, und vielleicht fällt es dir anfangs schwer, dich mit ihr zu befassen. Aus diesem Grund werde ich dich mit einem wunderschönen Gebet aus *Ein Kurs in Wundern* ausrüsten. Wann immer du dich von deinen Ängsten überwältigt fühlst, sag einfach laut dieses Gebet auf, überantworte dich und lass Heilung geschehen:

Nimm dies von mir, betrachte es und beurteile es für mich.

Lehre mich, wie ich daraus kein Hindernis für den Frieden mache.

Jetzt bist du an der Reihe, andere daran zu erinnern, sich mit ihren Ängsten näher zu beschäftigen. Fang an, mit der heutigen Wunder-Botschaft den Samen der Positivität zu pflanzen.

Wunder-Botschaft #2:
Ich entscheide mich, meine Ängste aus einem
liebevolleren Blickwinkel neu zu interpretieren.
#DuBistDeinGuru

#3: UM DICH UNTERSTÜTZT ZU FÜHLEN, UNTERSTÜTZE DICH SELBST.

Bei meinen Vorträgen und Workshops höre ich oft Leute sich darüber beklagen, dass sie sich von anderen im Stich gelassen fühlen. Vielleicht sind sie wütend auf ihre Arbeitskollegen, Familie oder Freunde, aber wie auch immer die Umstände sind: Sie alle sind in den Opfermodus geschlittert, indem sie anderen deren mangelnde Unterstützung übelnehmen. Anstatt mit diesen Leuten Mitleid zu haben, halte ich ihnen kurz den Universalspiegel vor und frage sie: »Unterstützt du dich selbst?« Normalerweise antworten sie mit einem weinerlichen »Nein, tue ich nicht«. Wie du siehst, spiegelt sich in der Art und Weise, wie wir die Welt um uns herum erleben, unsere Innenwelt direkt wider. Wenn unsere Gedanken und unsere Energie nicht unterstützend sind, dann wird unser Leben auch nicht unterstützt werden. Folglich müssen wir die Verantwortung dafür übernehmen, indem wir uns in jedem gegebenen Augenblick selbst unterstützen.

Wann immer du eine harte Zeit durchmachst und dich im Stich gelassen oder allein fühlst, frage dich sofort: »Wie kann ich mich mehr unterstützen?« Und dann schreite zur Tat. Es kann deine Einstellung und die Erfahrungen, die du machst, extrem verändern, wenn du einfache richtige Schritte in Richtung Selbsthilfe unternimmst. Sag dir selbst etwas Nettes, denke bewusst stärkende Gedanken über dich oder bitte andere um Hilfe.

Oft denken wir, dass andere imstande sein sollten, unsere Gedanken zu lesen und einfach zu »wissen«, wann wir Unterstützung brauchen, aber das können sie nicht. Die Menschen in unserem Leben sind mit ihren eigenen Kämpfen und Herausforderungen beschäftigt und sehen vielleicht nicht die unseren, vor allem wenn wir uns zusammenreißen und den Anschein erwecken, alles wäre in Ordnung. Im Grunde genommen ist es ein radikaler Akt der Selbsthilfe, um Unterstützung zu bitten. Es ist eine der beliebtesten Möglichkeiten, uns selbst keine Unterstützung zukommen zu lassen, wenn wir andere nicht um Unterstützung bitten. Denn dies kann Mut erfordern, aber dafür wirst du reich belohnt werden. Du wirst nicht nur die Unterstützung erhalten, die du brauchst, sondern du wirst auch deine Beziehung zu der Person, die du um Hilfe gebeten hast, vertiefen.

Diese kleinen richtigen Maßnahmen können dein Leben augenblicklich erheblich verbessern. Den einfachen Wechsel vom machtlosen Opfer zu einer starken Person, die gut für sich selbst sorgt, zu vollziehen, kann dein Leben für immer verändern.

Wunder-Botschaft #3:
Wenn du dich unterstützt fühlen willst,
musst du dich selbst unterstützen.
#DuBistDeinGuru

#4: FRIEDEN IST IN DEINEM PULS.

Das tägliche Leben bringt Herausforderungen und unangenehme Situationen mit sich, was uns aus einem Ort des Friedens herauskatapultieren kann. In diesem Buch werde ich immer wieder Meditation empfehlen – als ein Schlüsselprinzip, um sich von Stress zu befreien und Frieden zu finden.

Viele Menschen wollen zwar meditieren, haben aber keine Ahnung, wo sie anfangen sollen. Sie wissen zwar um die Vorteile und haben möglicherweise bereits einige Augenblicke der Achtsamkeit erlebt, aber es fällt ihnen schwer, Meditation zu einer täglichen Praxis zu machen. Ein Hindernis kann die Tatsache sein, dass viele Leute Meditation als etwas Einschüchterndes empfinden. Sie glauben, sie müssen sie sofort meisterhaft beherrschen, um die Früchte zu ernten – aber es hat schon seinen Grund, warum sie als »Praxis« bezeichnet wird. Erwartest du etwa, Tennis wie Serena Williams spielen zu können, wenn du das erste Mal einen Tennisschläger in die Hand nimmst? Natürlich nicht! Aber das heißt nicht, dass du dich nicht mit Konzentration und Begeisterung auf dem Platz bewegen, toll trainieren und deine Fertigkeiten verbessern kannst. Das Gleiche trifft auf Meditation zu – selbst blutige Anfänger können sich über sofortige Resultate freuen.

Mithilfe deines Pulses ist es ganz einfach, mit dem Meditieren zu beginnen und Zugang zu Frieden zu finden. Indem du über deinen Puls meditierst, kannst du deinen Geist beruhigen, beide Gehirnhälften ausbalancieren und dein Nervensystem neu ausrichten. Diese Kundalini-Meditation wird *Meditieren lernen* genannt – zweifelsohne der perfekte Start. Wenn du Anfänger bist, widme dich dieser Meditation und du wirst in null Komma nichts entspannt und friedvoll sein. Mit dieser einfachen Meditation verbesserst du deine Konzentrationsfähigkeit. Sie wird dir auch helfen, deine Reaktionen in allen Situationen in den Griff zu bekommen, und vermag selbst den zerstreutesten Geist zur Ruhe zu bringen.

Meditieren lernen

Nimm die einfache Haltung ein (bequem im Schneidersitz auf dem Boden), das Kinn ist leicht zum Hals gezogen und die Wirbelsäule gerade.

Schließe leicht die Augen und konzentriere dich auf die Stelle zwischen deinen Augenbrauen (das Dritte Auge).

Das Mantra heißt *Sat Nam* (was »wahre Identität« bedeutet).

Die Handstellung (Mudra) ist einfach. Lege die vier Finger deiner rechten Hand auf dein linkes Handgelenk und fühle deinen Puls. Die Finger liegen nebeneinander in einer Linie und drücken leicht auf das Handgelenk, sodass du deinen Puls in jeder Fingerspitze spüren kannst. Bei jedem Pulsschlag hörst du im Geiste den Klang *Sat Nam*.

Für diese Meditation wird eine Dauer von 11 Minuten empfohlen. Aber auch wenn du nur eine Minute übrig hast, wird sie dir wahnsinnig guttun. Praktiziere sie täglich, um deine Intuition zu kultivieren und deinen Geist zu beruhigen.

Wunder-Botschaft #4:
Frieden ist in deinem Puls.
#DuBistDeinGuru

#5: WARUM REDE ICH?

Hast du dich schon mal nach einer Unterhaltung regelrecht verkatert gefühlt von all dem, was du von dir gegeben hast? Hast du schon mal den Überblick über deinen Filter verloren und zu viele persönliche Informationen preisgegeben? Oder bist du überhaupt unfähig, anderen Leuten zuzuhören, weil du lieber über dich selbst redest?

Wann immer du dich dabei ertappst, zu viele persönliche Informationen preiszugeben, sage einfach zu dir: »Stopp: Warum rede ich?« Diese einfache Frage wird dich aus dem Ego-Verhalten herausholen und zurück in deine Wahrheit bringen. Selbst wenn du mitten im Satz steckst, ist es okay, wenn du dir diese Frage stellst. Verwende diese Technik so oft wie möglich und schon bald wirst du obendrein ein großartiger Zuhörer sein!

Ich bin davon überzeugt, dass die heutige Wunder-Botschaft gut ankommen wird. Gib einfach Folgendes weiter:

Wunder-Botschaft #5:
Wenn du zu viel von dir ausplauderst,
sage dir einfach:
Stopp: Warum rede ich?
#DuBistDeinGuru

#6: FRIEDEN BEGINNT BEI DIR.

Egal wie glücklich oder gelassen wir sein mögen, es gibt immer irgendwelche Freunde, Familienangehörige oder Mitarbeiter, die uns unter die Haut gehen können. Statt zuzulassen, dass diese Leute deine Welt aufmischen, ist es wichtig zu verstehen, dass sie deine wichtigsten Lernaufgaben für spirituelles Wachstum darstellen.

Die heutige Technik ist eine fantastische Kundalini-Meditation, die dir eine schnelle, einfache und effektive Lösung bietet, um Ärger und Wut loszulassen, wenn dich Leute tierisch nerven. Du kannst diese Meditation jederzeit und überall anwenden. Du kannst sogar jetzt gleich loslegen.

Drücke sanft deinen Daumen gegen deinen Zeigefinger, dann gegen deinen mittleren Finger, dann deinen Ringfinger und schließlich deinen kleinen Finger.

Wenn du deinen Zeigefinger berührst, sagst du:
FRIEDEN
Wenn du deinen mittleren Finger berührst, sagst du:
BEGINNT
Wenn du deinen Ringfinger berührst, sagst du:
BEI
Wenn du deinen kleinen Finger berührst, sagst du:
MIR

Atme tief, während du jedes Wort sprichst. Gehe dabei so langsam oder so schnell vor, wie du magst. Mach von dieser Technik Gebrauch, wenn du in der Bank Schlange stehen musst, unter dem Schreibtisch während eines Business-Meetings oder auch wenn es in der Beziehung zum Krach kommt. Diese Technik wird dich durch alle möglichen verrückten Emotionen hindurchschleusen und dir helfen, Groll schnell loszulassen.

Jetzt ist es an der Zeit, die Liebe zu teilen. Poste diese Wunder-Botschaft und inspiriere andere dazu, ihre Beziehungen als Lernaufgaben zu betrachten.

Wunder-Botschaft #6:
Beziehungen stellen Lernaufgaben für optimales Wachstum und Heilung dar.
#DuBistDeinGuru

#7: »DAS WUNDER KEHRT LEISE EIN.«

Diese Übung soll dir helfen, die folgende Botschaft aus dem *Kurs* zu verstehen: »Das Wunder kehrt leise in den Geist ein, der einen Augenblick lang innehält und still ist.« Den meisten Leuten fällt es gar nicht leicht, still zu sein. Wenn wir im Chaos hartnäckiger Gedanken feststecken, blockieren wir unsere Verbindung zur intuitiven Stimme der inneren Führung. Unsere Unruhe und unser Stress entstehen größtenteils dann, wenn wir auf Angst fokussiert und nicht mit der Stimme unseres inneren Führers verbunden sind. Um diese Angespanntheit loszuwerden, ist es entscheidend, dass wir uns wieder auf die Stille konzentrieren, damit wir uns erneut auf einen natürlichen Zustand des Friedens ausrichten können. Wenn wir ein wundervolles Leben leben wollen, von Intuition geleitet und nicht von Angst, brauchen wir unbedingt Methoden, die uns dabei helfen, unseren Geist zu beruhigen.

Wenn du unter Beklemmungen leidest, eignet sich die heutige Technik wunderbar dazu, diese loszulassen. Die im Folgenden beschriebenen einfachen Schritte basieren auf einer Kundalini-Meditation, um Ängste und Anspannungen loszuwerden. Führe die Schritte durch und genieße die Stille, die du daraufhin erfahren wirst.

Schritt 1: Setz dich bequem auf einen Stuhl und stelle beide Füße flach auf den Boden.

Schritt 2: Schließe den Mund und rolle deine Zunge im Uhrzeigersinn über die Außenseite deiner Zähne. Fahre damit 30 bis 90 Sekunden lang fort.

Schritt 3: Rolle nun die Zunge in die entgegengesetzte Richtung, wiederum 30 bis 90 Sekunden lang.

Schritt 4: Sitze eine Minute lang still da.

Diese Praxis wird dich in einen Zustand der Stille versetzen. Und in dieser Stille wirst du spüren, wie die Unruhe sich verflüchtigt, während du deine Verbindung mit deinem inneren Führer vertiefst. Du wirst allmählich lernen, dass Stille dein mächtigstes Werkzeug sein kann.

Für diese Wunder-Botschaft kannst du das Zitat aus *Ein Kurs in Wundern* teilen.

Wunder-Botschaft #7:
Das Wunder kehrt leise in den Geist ein,
der einen Augenblick lang innehält und still ist.
#DuBistDeinGuru

#8: WIEDERGABELISTEN MIT POSITIVEN INHALTEN BRINGEN ES.

Hast du schon mal emotional sehr stark auf einen Song reagiert? Du weißt schon – die Art von Songs, die dir Tränen in die Augen steigen lässt und eine Gänsehaut verursacht, während du von dem Sound angespornt und beflügelt wirst. Wenn du das kennst, dann weißt du, dass ein Lied der Katalysator für eine fantastische, liebevolle Erfahrung sein kann.

Mit Musik steht uns eines der stärksten Hilfsmittel zur Verfügung, um uns erneut mit unserem inneren Feuer zu verbinden. Ich hoffe, du hast irgendwann in deinem Leben diese Art von musikalischer Begegnung gehabt. Aber auch wenn dem nicht so ist: Es ist nie zu spät für eine musikalische Intervention! Wenn bestimmte Dinge in deinem Leben dich frustrieren, wütend machen oder alles andere als begeistern, kannst du dich mithilfe von Musik von innen heraus regenerieren.

Möchtest du ein negatives Muster abschütteln? Mach dir eine Wiedergabeliste voller positiver Vorstellungen. Erstelle einen Mix aus Liedern, die dein inneres Feuer entfachen und ein Lächeln auf dein Gesicht zaubern. Hör dir die Wiedergabeliste an, sobald du morgens aufwachst, auf dem Weg zur Arbeit, beim Fitnesstraining, während der Zubereitung des Abendessens und so weiter. Am wichtigsten ist, dass du mit dieser Wiedergabeliste Einfluss auf deine Energie nimmst, wann immer du dich niedergeschlagen fühlst. Du kannst deine Wiedergabeliste mit Songs vollpacken, die friedlich und beruhigend sind oder aber peppig und dynamisch (vielleicht auch beides). Lass dich von der Musik führen, um deine positiven Vorstellungen zu reaktivieren. Brauchst du Anregungen? Hör dir meine Positive-Vorstel-lungen-Wiedergabelisten bei Gabbyb.tv/Miracles-Now an.

Höre dir diese Wiedergabelisten den ganzen Tag an. Viel zu oft verzetteln wir uns in unseren vollen Terminplänen und überlangen To-do-Listen und vergessen dabei, Musik einzuschalten, damit sich unser Geist neu ausrichten kann. Plane jeden Tag ein paar Minuten ein, um einfach still dazusitzen und einem oder zwei inspirierenden Songs zu lauschen. Lass deinen Geist still werden, während du dich von der Musik berieseln lässt. Dieses Ritual wird eine wirkungsvolle meditative Praxis einleiten, um sich nach innen zu wenden und weltliche Belange loszulassen. In dieser Stille kannst du Zugang zu deiner Inspiration finden.

Die heutige Wunder-Botschaft bietet dir die Gelegenheit, deine Positive-Vorstellungen-Wiedergabeliste zu teilen. Poste einfach deine eigene Spotify-Wiedergabeliste oder teile eine aus diesem Buch. Hier ist ein Beispiel: Gabbyb.tv/Miracles-Now.

Wunder-Botschaft #8:
Bring deine guten Schwingungen mit
meiner Positiven-Vorstellungen-Playlist auf Touren!
Gabbyb.tv/Miracles-Now
#DuBistDeinGuru

#9: »WENN DU DICH HILFLOS FÜHLST, HILF ANDEREN.«

Viele Leute, die zu meinen Workshops kommen, fühlen sich vom Sinn ihres Lebens abgetrennt. Das Problem ist nicht, dass sie kein Ziel haben; vielmehr haben sie ihr wahres Ziel aus den Augen verloren. Dieses Prinzip wird dir helfen, dein wahres Ziel wiederzufinden: Liebe zu sein und Liebe zu teilen. Das ist die Aufgabe des Wunderwirkers. *Ein Kurs in Wundern* lehrt: »Wunder geschehen auf natürliche Weise, als Äußerungen der Liebe. Sie werden von denen, die zeitweilig mehr haben, für die vollbracht, die zeitweilig weniger haben.« Sowie du dich für deine innere Kraft öffnest, ist es wichtig zu akzeptieren, dass der wahre Sinn deines Lebens darin besteht, allen dienlich und nützlich zu sein.

Heute stelle ich eine wirkungsvolle Technik vor: das regelmäßige Rezitieren eines Gebets aus *Ein Kurs in Wundern*:

Ich bin nur hier, um wahrhaft hilfreich zu sein.
Ich bin hier, um IHN zu vertreten,
DER mich gesandt hat.
Ich brauche mich nicht zu sorgen,
was ich sagen oder tun soll,
denn Er, DER mich gesandt hat, wird mich führen.
Ich bin zufrieden, dort zu sein,
wo immer ER es wünscht,
in der Erkenntnis, dass ER mit mir dorthin geht.

Ich werde geheilt, indem ich mich
von IHM lehren lasse, wie man heilt.

Den Worten dieses Gebets wohnt die Energie des Dienens und der Hingabe inne. Wieder einmal wirst du dazu angeleitet, anderen zu dienen und dir dadurch selbst nicht mehr im Weg zu stehen. Oder wie Friedensnobelpreisträgerin Aung San Suu Kyi sagte: »Wenn du dich hilflos fühlst, hilf anderen.« Lass dich von deinem Wunsch leiten, von Nutzen zu sein. So kannst du deine wahre Bestimmung finden.

Für die heutige Wunder-Botschaft schlage ich vor, dass du dieses unglaublich wundervolle Zitat von Aung San Suu Kyi teilst. Diese Botschaft trägt eine Energie in sich, die einfach weitergegeben werden muss.

Wunder-Botschaft #9:
Wenn du dich hilflos fühlst,
hilf anderen. – Aung San Suu Kyi
#DuBistDeinGuru

#10: SCHLAFEN IST EINE SPIRITUELLE PRAXIS.

Erholsamer Schlaf ist ein wichtiger Bestandteil eines wunderbaren Lebens. Damit will ich nicht sagen, dass wir acht oder zehn Stunden schlafen müssen, um uns völlig ausgeruht zu fühlen. Manchmal kann weniger Schlaf tatsächlich erholsamer sein als zu viel. Entscheidend ist es, den richtigen Schlaf zu haben ... die Art von Schlaf, bei der man auf das Kissen sabbert.

In einem Interview sprach Arianna Huffington, Präsidentin und Chefredakteurin der Onlinezeitung *Huffington Post*, darüber, wie wichtig das Schlafen für Innovationen sei. Huffington sagte: »Die Welt benötigt dringend große Ideen – und viele, viele davon sind in uns eingeschlossen. Wir müssen einfach nur die Augen schließen, um sie zu sehen. Also, meine Damen und Herren, fahren Sie Ihre Maschinen herunter und schlafen Sie ein wenig!«

Huffington hat recht. Schlafmangel ist eine weitere Art, wie wir unsere Kraft, Kreativität und Intuition blockieren. Wir messen unsere Produktivität oft daran, wie schwer wir arbeiten und wie wenig wir schlafen.

Diese Einstellung wirkt sich negativ auf unsere Gesundheit und unser allgemeines Wohlbefinden aus. In diesem Buch werde ich immer wieder betonen, dass Schlafen eine spirituelle Praxis ist. Der erste Schritt besteht darin, zu akzeptieren, dass erholsame Ruhe damit beginnt, wie wir einschlafen.

Ich bin eine aufgedrehte Lady und habe oft Schwierig-keiten mit dem Einschlafen. Meiner Meinung nach muss man auf die richtige Weise einschlafen, um zu einem erholsa-men Nachtschlaf zu gelangen. Wenn du Probleme beim Ein- oder Durchschlafen hast, benutze die Kundalini-Atem-technik: Du wirst dann in den Schlaf gleiten und tief und fest schlummern.

Schritt 1: Setz dich aufrecht in deinem Bett hin.

Schritt 2: Verwende beim Einatmen die U-Atmung: Spitze die Lippen, als würdest du eine 50-Cent-Münze zwischen den Lippen halten. Atme ein.

Schritt 3: Atme durch die Nase aus.

Wiederhole dieses Atemmuster eine Minute lang. Mithilfe der U-Atmung atmest du durch den Mund ein und durch die Nase wieder aus. Du wirst dich schnell ausgeruht fühlen. Und dann schlafe fest!

Wunder-Botschaft #10:
Schlafen ist eine spirituelle Praxis.
#DuBistDeinGuru

#11: BEUNRUHIGTSEIN IST EIN GEBET FÜR CHAOS.

Beunruhigtsein ist ein Gebet für Chaos. Leider kann das Sich-Sorgen-Machen zu einer Gewohnheit werden, die die Macht über deine Gedanken und dein Leben übernimmt. Oft macht man sich Sorgen, um sich nicht mit seinen wahren Gefühlen auseinanderzusetzen. Bei dieser Technik geht es darum, deine Sorgen umzukehren. Werde wieder einmal zum neutralen Beobachter deiner Angst und fang an zu erkennen, wenn die Sorgen dich besiegen. Sobald du dir bewusst bist, dass du dich sorgst und beunruhigt bist, benutzt du diese Technik: **Starre einfach auf deine Nasenspitze.**

Jawohl, du hast richtig gelesen: Blicke auf deine Nasenspitze. Dieser schlichte Akt kann deine Gedanken abschalten. Es ist ein radikales Werkzeug, um Sorgen aufzulösen und sich auf einen stillen Geist zu konzentrieren. Sobald Sorgen anfangen, dich herunterzuziehen, lenkst du sie um, indem du auf deine Nasenspitze blickst.

Die heutige Wunder-Botschaft wird sehr gut ankommen. So viele Menschen machen sich Sorgen und steigern sich in jedes kleine Problem hinein. Indem du diese Botschaft teilst, kannst du anderen helfen, sich selbst nicht mehr im Wege zu stehen.

Wunder-Botschaft #11:
Beunruhigtsein ist ein Gebet für Chaos.
#DuBistDeinGuru

#12: »UNSERE GEISTER SIND VERBUNDEN.«

Du kennst diese tollen Momente, wenn du an jemanden denkst und er dann anruft? Diese Momente sind nicht einfach nur verrückte Zufälle. Ganz im Gegenteil. Diese Momente erinnern uns daran, dass wir alle miteinander verbunden sind. Was wir denken, fühlen wir, und was wir fühlen, ziehen wir an. Dieses Konzept lässt sich sehr gut auf unsere Verbindung mit anderen Menschen anwenden.

Unser Verstand überzeugt uns davon, dass es keine göttliche Ordnung darin gibt, wie wir uns mit anderen verbinden. Dagegen heißt es in *Ein Kurs in Wundern*: »Es gibt keine Zufälle in der Erlösung. Diejenigen, die einander begegnen sollen, werden einander begegnen, weil sie gemeinsam das Potenzial für eine heilige Beziehung haben. Sie sind füreinander bereit.« Eingedenk dieser Aussage benutzt du diese Botschaft, um anzufangen, jegliche Grenzen zu sprengen, die du im Umgang mit anderen erlebst. Vielleicht fühlst du dich von einer geliebten Person getrennt oder vielleicht kannst du nicht verstehen, warum dein Chef dich nicht zu mögen scheint. Diese Konflikte können dich dazu verleiten, dich auf bestimmte Weisen zu verhalten, um gehört zu werden oder um einen Schutzwall zu errichten, damit du nicht verletzt wirst. Die heutige Praxis wird dir helfen, eine Verbindung zu jeder Person herzustellen, gleichgültig wie schwierig oder distanziert diese Beziehung sich anfühlen mag.

Der *Kurs* lehrt: »Unsere Geister sind verbunden.« Die heutige Technik wird dir Werkzeuge an die Hand geben, die du in deinem Alltagsleben einsetzen kannst, sodass du die große Wahrheit von Yogi Bhajan erkennen und akzeptieren kannst: »Die andere Person ist du.« Verwende diese Meditation, um zu akzeptieren und dich daran zu erinnern, dass wir alle in einem Boot sitzen; wir sind alle eins.

Setz dich bequem auf einen Stuhl oder auf den Boden.

Atme durch die Nase ein und atme durch den Mund aus.

Nimm lange, tiefe Atemzüge.

Während du weiteratmest, siehst du vor deinem geistigen Auge die Person, mit der du einen Konflikt hast.

Stell dir vor, dass sie vor dir steht.

Stell dir beim Einatmen weißes Licht vor, das in dein Herz strömt.

Dehne beim Ausatmen dieses Licht auf das Herz der anderen Person aus.

Wiederhole dieses Atemmuster.

Lass es zu, dass dieser Austausch von Licht deinen Groll wegschmilzt und dein Gefühl des Einsseins wiederherstellt.

Das Tolle an dieser Meditation ist, dass du sie überall durchführen kannst. Du kannst im Büro jemandem gegenübersitzen und dir vorstellen, wie du ihm Licht sendest. Oder du kannst viele Meilen weit entfernt sein und den gleichen energetischen Effekt bewirken. Sei nicht überrascht, wenn die Person dich anruft oder dir irgendeine liebevolle Botschaft übermittelt, sobald du die Meditation beendet hast. Aber meditiere nicht für Resultate – meditiere für Frieden.

Wieder einmal ist es an der Zeit, die Botschaft zu übermitteln. Verwende die heutige Wunder-Botschaft, um deine Freunde und Familie daran zu erinnern, dass wir alle miteinander verbunden sind.

Wunder-Botschaft #12:
Unsere Geister sind verbunden. –
Ein Kurs in Wundern
#DuBistDeinGuru

#13: WO IST DIE LIEBE?

Wenn wir das Gefühl haben, festzustecken, liegt das daran, dass wir uns dafür entscheiden, unsere Situation mit Angst und nicht mit Liebe zu betrachten. Wo immer Liebe ist, besteht die Möglichkeit, freizukommen. Alle Hindernisse treten auf, weil wir vergessen, an die Liebe zu appellieren.

Diese Übung wird dich daran erinnern, dass du alle Hindernisse mit Liebe auflösen kannst. *Ein Kurs in Wundern* lehrt uns: »Nur was du nicht gegeben hast, kann in irgendeiner Situation fehlen.« Das ist wirklich eine motivierende Botschaft: Sie erinnert uns daran, dass wir die Verantwortung für unser Leben tragen und dass wir nicht auf eine äußere Kraft warten müssen, um unsere Umstände zu ändern. Wenn du also glaubst, in einer Situation festgefahren zu sein oder in einem negativen Muster festzustecken, frage dich: »Wo ist die Liebe?« Durch diese einfache Frage kannst du schlagartig zu einer neuen Sichtweise gelangen. Nimm dir einen Augenblick Zeit, um die Situation zu betrachten und herauszufinden, wo die Liebe fehlt. Dann mach dir im Geiste eine Notiz über alle Möglichkeiten, wie du freundlicher, großzügiger und liebevoller zu dir selbst sein kannst sowie gegenüber anderen Menschen und deiner Sicht auf die Situation.

Wenn du beispielsweise glaubst, in einer Beziehung festzustecken, und dir selbst oder der anderen Person die Schuld an den Barrieren gibst, frage dich einfach: »Wo ist die Liebe?«

Durchforsche dein Gedächtnis nach all den liebevollen Gedanken, Ergebnissen oder Umständen, die die Angst ersetzen können, die wahrzunehmen du gewählt hast. Mach dir im Geist eine Liste (oder schreibe eine) über neue Möglichkeiten, wie du die Situation erleben könntest, und lege dich auf eine fest. Vielleicht wählst du, dich auf das zu fokussieren, was du an der Person liebst, statt auf all die Kleinigkeiten, die dich in den Wahnsinn treiben. Oder vielleicht entscheidest du dich dafür, in dem Augenblick, in dem du dich dabei ertappst, sie anzugreifen, die Situation mit einer liebevolleren Haltung neu zu interpretieren. Verpflichte dich dazu, an deiner neuen Auffassung festzuhalten, und lass sie zu deiner Realität werden. Akzeptiere, dass du jederzeit mit Liebe alles entgrenzen kannst.

Wunder-Botschaft #13:
Hebe alle Grenzen mit Liebe auf.
#DuBistDeinGuru

#14: MACH DAMIT SCHLUSS!

Einer der Hauptgründe für unser Unglücklichsein und Unbehagen sind unsere Angriffsgedanken. Den ganzen Tag lang, ohne uns dessen bewusst zu sein, greifen wir uns selbst und andere an. Diese Angriffe müssen nicht so massiv sein, um echten Schaden hervorzurufen – aber jeder kleine Angriff, von einem negativen Gedanken über uns selbst bis hin zu einer frostigen Bemerkung gegenüber einer anderen Person, summiert sich. Angriff ruft Angriff hervor. Andere in Gedanken oder in unseren Handlungen anzugreifen schadet uns selbst unmittelbar.

Unsere Angriffsgedanken und -handlungen sind besonders gefährlich, weil sie so subtil und heimtückisch sein können, dass wir nicht einmal erkennen, wie sehr sie die Kontrolle über unseren Geist übernommen haben. Aber so teuflisch sie auch sein mögen, man kann sie verblüffend leicht loswerden. Man braucht dafür lediglich ein gewöhnliches Gummiband.

Lege mal an einem Tag – heute – ein Gummiband ums Handgelenk. Wann immer dir auffällt, dass ein Angriffsgedanke aufkommt, ziehst du daran. Wird das wehtun? Gut! Genau das brauchst du, um dich aus deinen unbewussten Angriffsgedanken buchstäblich herauszureißen.

Sobald du dich aus dem Angriffskreislauf herausgeschnalzt hast, ist es an der Zeit, deine Gedanken zu reinigen. Benutze dazu diese Übung, die auf Lektion 23 von *Ein Kurs in Wundern* basiert: »Ich kann der Welt, die ich sehe, entrinnen, indem ich Angriffsgedanken aufgebe.«

In dem Augenblick, in dem du am Gummiband ziehst, sei dir deines Angriffsgedanken bewusst und sage zu dir: *Ich kann der Welt, die ich sehe, entrinnen, indem ich Angriffsgedanken über* _____ *aufgebe.* Setze in die Lücke ein, was immer du angreifst, egal ob es allgemein oder sehr spezifisch ist.

Praktiziere diese Übung den ganzen Tag lang. Achte auf deine Angriffsgedanken, stoppe sie mit deinem Gummiband und verwende dann die Botschaft aus dem *Kurs* als Erinnerung, dass du in null Komma nichts deine Gedanken verändern kannst.

Wunder-Botschaft #14:
Ich kann der Welt, die ich sehe, entrinnen,
indem ich Angriffsgedanken aufgebe.
#DuBistDeinGuru

#15: SPRENGE DIE BLOCKADEN MIT DEM FEUERATEM.

Eine Atemtechnik, die häufig im Kundalini-Yoga verwendet wird, eignet sich hervorragend dafür, emotionale Blockaden zu sprengen. Sie heißt »Feueratem«. Beim Feueratem atmet man rhythmisch durch die Nase ein und aus, es ist so eine Art heftiges Schnaufen. Beim Einatmen dehnt sich das Zwerchfell aus, beim Ausatmen entspannt es sich. Sobald du in den Rhythmus kommst, beschleunigst du die Atmung, bis sie zum Feueratem wird.

Anfänger des Feueratems legen oft Gewicht auf das Ausatmen. Das ist ein weit verbreiteter Fehler, der leicht korrigiert werden kann, indem man sich daran erinnert, dass Ein- und Ausatmen gleich stark betont sind. Bei Anfängern kommt es auch häufig zu Kurzatmigkeit. Das bedeutet, dass sich dein Zwerchfell aufgrund von Stress und Anspannung verspannt oder dass du in die umgekehrte Richtung atmest. Denke daran, dass dein Zwerchfell sich beim Einatmen ausdehnt und sich beim Ausatmen zusammenzieht. Gib dir durch deine tiefen Atemzüge alle Mühe, dein Zwerchfell locker zu lassen. Sowie du den Feueratem praktizierst, wirst du die Verspannung in deinem Zwerchfell lösen und dich in der Tat von vielen emotionalen Blockaden befreien.

Aber der Feueratem sprengt nicht nur die Blockaden, sondern tut dir auch in vielerlei anderer Hinsicht gut. Er reinigt den Blutstrom und reichert ihn mit Sauerstoff an, erhöht den

Energiefluss deines Körpers, stimuliert die Hypophyse (was dabei hilft, alle anderen Drüsen ins Gleichgewicht zu bringen) und stärkt dein elektromagnetisches Feld, sodass du zu einem Magnet für Höheres wirst. Eine Minute Feueratem kann die gleichen Vorteile herbeiführen, die du erfährst, wenn du eine Stunde lang dieselbe Haltung mit normaler Atmung einnimmst.

Wunder-Botschaft #15:
Wenn du dich blockiert fühlst, emotional genervt oder überfordert, widme dich deiner Atmung.
#DuBistDeinGuru

#16: MACH DIR VERGEBUNG ZUR GEWOHNHEIT.

In all meinen Büchern, Vorträgen und Workshops hebe ich die Bedeutung hervor, das V-Wort wie einen Ganztagsjob zu praktizieren. Die Erfahrung der Vergebung ist in allen spirituellen Lehren fest verankert und eine Methode, durch die wir die Vergangenheit loslassen und Liebe in der Gegenwart zurückgewinnen. Vergebung ist ein großartiger Weg, um sich aus festgefahrenen Bahnen zu lösen und sich für ein pulsierendes Leben zu öffnen.

Wenn du unversöhnlich bist, hast du das Gefühl, festzustecken, bist schwach, wütend und voller Groll. All diese Gefühle enthalten niedrige Energie und blockieren folglich deine Fähigkeit zu heilen, zu wachsen und das Leben voll auszukosten.

Vergebung bietet dir einen Ausweg. Durch Vergebung kannst du lernen, Beschränktheit loszulassen, und dich deinem wahren inneren Licht öffnen. Wie vieles andere ist Vergebung eine Gewohnheit. Mach sie dir zu eigen, indem du zunächst einmal lernst, dir selbst zu vergeben.

Yogi Bhajan sagte einmal in einem überfüllten Yoga-Kurs: »Der einzige Unterschied zwischen mir und euch ist, dass ich den ganzen Tag lang Selbstvergebung praktiziere.« Yogi Bhajan zeigt uns, dass, um seinen Geist beherrschen zu können, es entscheidend ist zu lernen, sich selbst zu vergeben. Du übst dich also heute für nur eine Minute in Selbstvergebung.

Geh dabei bewusst und entschlossen vor. Es dauert nur ein paar Augenblicke, aber es ist grundlegend transformierend.

Sobald du bemerkst, dass du dich selbst angreifst, führe die folgenden Schritte durch:

1. Erlebe bewusst den Angriffsgedanken.
2. Atme in das Gefühl des Unbehagens hinein.
3. Spüre das Gefühl.
4. Sage zu dir: »Ich vergebe diesen Gedanken. Ich weiß, dass er nicht real ist.«

Befolge diese vier Schritte und bereite dich darauf vor, tiefer in den Vergebungsprozess einzusteigen. Bei Technik #83 wirst du angeleitet, deine Vergebungsfähigkeit zu erhöhen und wahre Freiheit zu erfahren.

Wunder-Botschaft #16:
Vergebung ist keine einmalige Sache,
Vergebung ist ein Lebensstil. –
Dr. Martin Luther King, Jr.
#DuBistDeinGuru

#17: MEDITIERE, UM WUT AUS DER KINDHEIT LOSZULASSEN.

So viel von dem, was uns im Leben zurückhält, ist lang gehegter Groll, der von der Kindheit herrührt. In unserer Jugend erschaffen wir viele der Geschichten, die wir als Erwachsene ausleben – Geschichten über Wertlosigkeit, Selbsthass, Opferrolle und vieles mehr. Als kleine Kinder lernten wir Trennung und Spezialisierung kennen. Uns wurde beigebracht, uns selbst als geringer oder besser als andere zu sehen. Wir lernten Ungleichheit. Diese Trennung machte uns wütend, und wir trugen diese Wut in unser Erwachsen-dasein hinein.

Unsere Wut aus Kindheitstagen spielt eine große Rolle bei unseren Neurosen und unserem Unglücklichsein. Wenn wir im Leben jedoch weiterkommen wollen, müssen wir uns durch unsere Wut hindurchbewegen, um Zugang zu unserer wahren Energiequelle zu finden. Diese Meditation wird dir helfen, Wut aus deiner Kindheit loszulassen, damit du dich wirklich auf deine subtilen Fähigkeiten einstimmen kannst.

Meditation, um Wut aus der Kindheit loszulassen

Nimm die einfache Haltung ein und strecke deine Arme seitlich aus. Die Ellbogen sind nicht gebeugt. Lege den Daumen über den Merkur- und den Sonnenfinger (den kleinen und Ringfinger) und strecke den Jupiter- und den Saturnfinger (Zeige- und mittlerer Finger) aus. Die Hand-flächen zeigen nach vorn und die Finger nach den Seiten (wie in den Abbildungen).

Die Atmung ist einzigartig insofern, als du einatmest, indem du die Luft durch die geschlossenen Zähne einsaugst und durch die Nase ausatmest. Es wird empfohlen, diese Medita-

tion elf Minuten lang auszuüben, du kannst aber au
einer Minute anfangen und dich dann steigern.

Um die Meditation abzuschließen, atmest du tief ein und
hältst den Atem zehn Sekunden lang an, während du deine
Wirbelsäule aufrichtest und deine Arme zu den Seiten hin
ausstreckst. Dann atmest du aus. Wiederhole dies noch zwei-
mal.

Wenn du das Gefühl hast, in deiner Kindheitswut festzustek-
ken oder von ihr gebremst zu werden, führe diese Medi-tation
regelmäßig durch oder beginne eine 40-tägige Praxis. Die
Meditation wird dich völlig verändern. Du kannst sie morgens und abends praktizieren. Yogi Bhajan sagte, dass man,
wenn man die Meditation abends durchführt, beim
Aufwachen feststellen wird, dass sich seine ganze Energie verändert hat.

Wunder-Botschaft #17:
Ich lasse Wut aus der Vergangenheit los,
sodass ich in der Gegenwart frei bin.
#DuBistDeinGuru

#18: FRAGE EINFACH!

Fühlst du dich wütend und gekränkt, wenn du nicht bekommst, was du willst? Hast du das Gefühl, dass deine Bedürfnisse nicht befriedigt werden? Wenn das bei dir so ist, dann stelle ich dir noch eine weitere Frage: Bittest du um das, was du haben willst?

Wenn du glaubst, nicht zu bekommen, was du von anderen willst, ist es am einfachsten, sich darüber zu beklagen. Aber anderen Leuten die Schuld für deine Gefühle der Unzufriedenheit zu geben ist die falsche Herangehensweise an das Problem. Wenn du bekommen willst, was du dir wünschst, dann ist es entscheidend, DARUM ZU BITTEN.

Andere um etwas zu bitten kann für manche Menschen sehr unangenehm sein. Ich erlebe das oft, wenn es darum geht, nach einer Gehaltserhöhung zu fragen, um Hilfe zu bitten oder bloß darum, dass andere zuhören, was man zu sagen hat. So schwierig das auch sein mag, ist es doch wichtig zu erkennen, dass du nicht bekommst, was du willst, solange du nicht bereit bist, es auch zur Sprache zu bringen.

Wenn du schon bei dem Gedanken ausflippst, um das zu bitten, was du möchtest, ist es an der Zeit, diese Angst abzuschütteln und deine Gewohnheiten zu ändern. Du wirst allmählich lernen, dass alle Menschen tief in ihrem Innern wirklich gern geben. Wenn du also von einem Ort der Authentizität und Würde um etwas bittest, stößt deine Bitte auf gegenseitige Achtung. Jetzt ist es Zeit, eine neue Gewohnheit zu kreieren und deine Bitt-Muskeln zu trainieren!

Befolge diese drei Schritte, um damit anzufangen, um das zu bitten, was du gern möchtest:

Schritt 1: Nimm es hin, dass es sich anfangs vielleicht unangenehm und peinlich anfühlt. Wahrscheinlich hast du den größten Teil deines Lebens damit verbracht, widerwillig um etwas zu bitten – also wird es sich für dich ungewohnt und merkwürdig anfühlen, ein neues Verhalten auszuprobieren. Denk daran, dass dieses komische Gefühl ein gutes Zeichen ist. Egal, wie unbehaglich du dich fühlst, tue diesen Riesenschritt in die richtige Richtung und komm aus deiner Wohlfühlzone raus.

Schritt 2: Werde dir darüber klar, um was du bittest. Vergewissere dich, dass du auch wirklich weißt, was du willst. Wenn du dir über deine Bitte im Klaren bist, wird sich deine Energie auf diese Bitte einpendeln. Aber wenn du dir nicht darüber klar bist, dann schwankt deine Energie, wodurch es schwieriger wird, wirklich hinter deinem Anliegen zu stehen. Darum solltest du unbedingt deine Bitte mit positiven Absichten stärken. Wenn deine Bitte von der Energie der Liebe getragen wird, wird sie mit Liebe aufgenommen werden.

Schritt 3: Frage einfach! Sobald du dich dabei ertappst, der Möglichkeit auszuweichen, um das zu bitten, was du möchtest, bewege dich schnell über deine Angst hinweg und frage einfach. Auch wenn es dich vielleicht ängstigt, aber dieser einfache und zugleich mutige Akt des Bittens kann dein Leben im Nu verändern. Du wirst ein neues Gefühl der Selbstachtung kennenlernen, das andere mit Achtung dir gegenüber erwidern.

Hör auf, tiefzustapeln: Mach den Mund auf, mach dir deine Kraft zu eigen und bitte um das, was du willst.

Wunder-Botschaft #18:
Um zu bekommen, was du willst,
musst du DARUM BITTEN.
#DuBistDeinGuru

#19: SEI KINDLICHER.

Man kann sich leicht in To-do-Listen und täglichen Aufgaben verlieren. Wenn Rechnungen beglichen und andere versorgt werden müssen, kann Glücklichsein zu einer weit entfernten späteren Überlegung werden. Wenn unsere Energie nur darauf fokussiert ist, Dinge erledigt zu bekommen, können wir das, was uns glücklich macht, aus den Augen verlieren.

Wir machen oft den Fehler zu denken, dass wir am produktivsten, am zufriedensten und am glücklichsten sind, indem wir unsere Energie auf unsere täglichen Aufgaben und Verpflichtungen ausrichten. Wir kämpfen uns durch unsere To-do-Listen mit dem Gedanken, dass wir wieder entspannen und das Leben genießen können, sobald der letzte Punkt abgehakt ist. Die Wahrheit ist aber, dass es immer eine andere To-do-Liste geben wird. Es wird immer eine andere Aufgabe geben. Wenn wir uns ständig nur auf unsere Pflichten konzentrieren, schwächen wir unsere Energie und schneiden uns selbst von unserem Lebensfluss ab.

Es hört sich vielleicht unverständlich an, aber um sich produktiver und zufriedener zu fühlen, ist es ab und zu unerlässlich, von seinen Verpflichtungen Abstand zu nehmen. Wann immer du das Gefühl hast, in einer Tun-Tun-Tun-Denke festzustecken, schalte deinen Laptop aus, stelle das Telefon ab und zapfe dein kindliches Selbst an. Kinder sind zu einer unglaublichen Neugierde, Kreativität und Offenheit imstande.

Lass den Druck los, den du dir sich selbst auferlegt hast, und setze dein inneres Kind frei. Nutze dazu die folgenden Tipps.

Sei neugieriger: Eine tolle Möglichkeit, um von deiner Kopflastigkeit freizukommen, ist, auf etwas Neues neugierig zu werden. Eine der tollsten Eigenschaften bei Kindern ist, dass sie superneugierig sind. Sei mal eine Zeit lang im Tagesverlauf wie ein Kind, das neue Dinge entdeckt. Lies eine Zeitschrift, die du normalerweise nie in die Hand nehmen würdest, stelle mehr Fragen und probiere neue Lebensmittel aus. Die Neugierde wird dich aus deiner zwanghaften Beschäftigung, was auch immer das sein mag, herausholen und in einen Zustand einfacher Unschuld versetzen.

Sei präsenter: In jedem Augenblick präsenter zu sein wird dir helfen, den Druck zu lindern, den du dir selbst auferlegt hast. Kinder sind fantastisch dabei, voll und ganz im Augenblick zu sein. Verhalte dich wie ein unschuldiges Kind. Sei von Staunen erfüllt, während du dein Essen kostest, nimm von den Farben des Himmels Notiz und lach lauter als sonst.

Träume mit offenen Augen: Statt deinen Geist mit chaotischen Gedanken zu beschäftigen, gönne dir eine Traumpause. Setz dich auf eine Parkbank und tagträume. Denke dich für fünf bis zehn Minuten in eine tolle Erfahrung hinein, die zu erleben du dir immer erhofft hast. Dieser Vorgang wird dich nicht nur aus deinem gewohnheitsmäßigen Trott herausholen, sondern dir auch dabei helfen, deine Träume zu verwirklichen.

Wende eine dieser Techniken an und du wirst feststellen, dass du nicht mehr feststeckst, da deine kreative Energie nun ungehinderter fließt. Wenn du von deiner To-do-Liste Abstand nimmst, um dein unbekümmertes Kind hervortreten zu lassen, kannst du dich mit frischer Perspektive und Energie wieder deinen Aufgaben als Erwachsener widmen.

Wunder-Botschaft #19:
Um Kontrolle aufzugeben,
lass einfach los und werde kindlicher.
#DuBistDeinGuru

#20: ABSICHTEN ENTFALTEN SICH, WENN MAN SIE TEILT.

Das Leben kann uns alle möglichen Hindernisse und Traumata in den Weg werfen. Erfahrungen wie Krankheiten in der Familie oder eigene Erkrankungen, Jobverlust und sogar Tragödien in den Nachrichten können uns ein Gefühl der Machtlosigkeit geben. In diesen Augenblicken haben wir die Wahl: Wir können unsere Erfahrung verinnerlichen und uns abschotten oder wir können uns Hilfe suchend an andere wenden.

Eine Möglichkeit, uns zu beruhigen und Kraft in Situationen, denen wir ohnmächtig gegenüberstehen, zu finden, besteht darin, uns Gruppen von Gleichgesinnten anzuschließen. Gruppengebet, Zielsetzung und Meditation können dir und der Welt wunderbare Heilung bieten.

Sich mit Gruppenenergie zu verbinden ist eine erstaunliche Methode, um den akuten Schmerz eines emotionalen Traumas augenblicklich zu lindern. Ein großartiges Beispiel für Genesung in der Gruppe ist die Zwölf-Schritte-Methode. Ein Grund, warum das Zwölf-Schritte-Programm so viel Erfolg hat, ist, dass Menschen zusammenkommen, um Hei-lung und harmonische Verbindungen zu teilen. Die unterstützende Energie der Gruppe verstärkt die positiven Absichten des Einzelnen und stellt jedem einen sicheren Raum bereit, um sich mit Traumata und Problemen auseinanderzusetzen. In Zwölf-Schritte-Gruppen wird oft angeregt, dass Gott die

Gruppe von Leuten sein kann, die während deiner Genesung die Arme um dich schlingen. Gott ist in der Gruppe, und durch die Gruppe findest du Gott.

Du kannst auf verschiedene Weisen Kontakt mit anderen herstellen, wenn du dich hilflos fühlst. Natürlich endet nicht jeder bei einem Zwölf-Schritte-Treffen oder in einer Selbsthilfegruppe – aber es gibt noch andere hervorragende Möglichkeiten, wie du augenblicklich eine Gruppenverbindung herstellen kannst.

Wenn du keine Leute in deiner Umgebung kennst, die bereit sind, auf den Liebeszug aufzuspringen, dann suche online nach einer Gruppe, der du beitreten kannst. Weibliche Leser können meine Website HerFuture.com, eine digitale Schwesternschaft, ausprobieren. Männliche Leser können meine Facebook-Fan-Page (Facebook.com/GabrielleBernstein) aufsuchen, wo sie sich mit gleichgesinnten Wunderwirkern und mir zusammentun können! Ich ermuntere dich nicht nur dazu, um Hilfe zu bitten, sondern auch, deine Hilfe anderen in Notlagen anzubieten. Suche diese Webseite täglich für ein paar Minuten auf und du wirst den Gemeinschaftsgeist spüren.

Wenn es in deinem Leben Leute gibt, die dir den Rücken freihalten, zögere nicht, nach Hilfe zu greifen. Wir vergessen so leicht, dass wir, wenn wir andere um Hilfe bitten, auch ihnen helfen. Jemandem die Chance zu geben, einen Dienst zu erweisen, öffnet sein Herz und ändert seine Haltung. Also greife danach und ruf jemanden an. Tele-foniere mit einem oder zwei Freunden und bitte sie, sich mit dir zusammenzutun, um eine positive Absicht für deine Situation festzulegen. In *Ein Kurs in Wundern* heißt es: »Wenn aber zwei oder mehr in der Suche nach der Wahrheit sich verbinden, dann kann das Ego seinen Mangel an Inhalt nicht mehr verteidigen. Die Tatsache der Vereinigung sagt ihnen, dass es nicht wahr ist.«

Der *Kurs* erinnert uns daran, dass, wenn wir uns verbinden, um die Wahrheit zu suchen, wir uns gegenseitig daran erinnern können, was richtig ist.

Denk daran, dass du, indem du zulässt, dass andere dich unterstützen, sie damit auch unterstützt. Wenn du dich machtlos und allein fühlst, nutze diese Anregungen, um Kraft in positiver Gruppenenergie zu finden.

Wunder-Botschaft #20:
Wenn du zulässt, dass andere dich unterstützen,
unterstützt du sie auch.
#DuBistDeinGuru

#21: MEDI-DATING FÜR EIN DATE.

Ich kann dir gar nicht sagen, wie oft ich höre, dass Leute sich über Verabredungen beklagen – ob in meinen Coachinggruppen oder in Alltagsgesprächen, die Quälerei mit Dates kommt immer wieder zur Sprache. Ich bin fest davon überzeugt, dass es drei Haupthindernisse gibt, die Leute davon abhalten, tolle Verabredungen zu haben.

Das erste Hindernis ist, dass viele Menschen ihre katastrophalen früheren Verabredungen in das Hier und Jetzt hineintragen. Vielleicht hat der letzte Typ, mit dem du ausgegangen bist, dich nicht mehr zurückgerufen, und jetzt bist du immer noch wütend darüber. An dieser Verärgerung festzuhalten durchsetzt deine nächste Verabredung nur mit negativen Schwingungen, selbst wenn den ganzen Abend lang ein Lächeln auf deinem Gesicht klebt. Diese Wut hält dich in deiner Geschichte gefangen und bringt dich um die Gelegenheit, voll und ganz im Jetzt zu sein.

Das zweite Hindernis ist mangelnde Klarheit. Nebulöse Wünsche führen zu nebulösen Resultaten. Wenn du dir keine Klarheit verschaffst, was du dir von dem Date versprichst, wirst du weiterhin Leute anziehen, die nicht gut für dich sind.

Das letzte Problem, das Leute von tollen Dates abhält, ist die leistungsorientierte Einstellung. Nur weil dir alles in anderen Bereichen deines Lebens gelingt, heißt das noch lange nicht, dass du auch dein Dating-Leben im Griff hast. Du bist vielleicht ein superproduktiver Tatmensch auf der Arbeit, aber das lässt sich nicht so einfach auf die Welt der Partnersuche übertragen. Vergiss deine »Nichts wie ran«-Einstellung und geh das Dating entspannt an.

Also – wie kannst du diese Dating-Hindernisse überwinden?

Die Antwort ist Medi-Dating!

Nun, da du die Hindernisse identifiziert hast, ist es an der Zeit, die richtigen Werkzeuge zu benutzen, um sie aus dem Weg zu räumen. Medi-Dating ist eine von mir entwickelte Methode auf Basis der Meditationspraxis, um Ängste aufzulösen, dein Selbstvertrauen zu stärken und deine Anziehungskraft freizusetzen. Du findest auf Gabbyb.tv/MediDate drei geführte Meditationen, auf die du gratis zugreifen kannst und die dich im Medi-Dating-Prozess unterstützen.

Meditation, um romantische Illusionen loszulassen

Diese geführte Meditation eignet sich perfekt, wenn du glaubst, in ausgefahrenen Gleisen festzustecken. Wenn du noch alten Groll gegen ehemalige Geliebte hegst, ist sie genau das Richtige für dich! Diese Meditation soll dir helfen, die Ängste, die Wut und die Zweifel zu beseitigen, die dich davon zurückhalten, Liebe zu erfahren. Hör dir die Meditation auf Gabbyb.tv/MediDate an.

Meditation vor einem Date

Diese Meditation kannst du machen, bevor du zu einer Verabredung aufbrichst. Entscheidend für ein erfolgreiches Dating ist, dass du mit deinem authentischen Selbst aufkreuzt. Nichts ist sexyer als deine Wahrheit. Verwende diese Meditation, wenn du Bammel vor einem Date hast und um dich auf deine Authentizität zu konzentrieren. Sei einfach DU selbst bei der Verabredung, und es wird ein unglaublicher Erfolg werden. Hör dir die Meditation auf Gabbyb.tv/MediDate an.

Manifestationsmeditation

Diese Meditation ist heilig. Sie wird dir helfen, Zugang dazu zu finden, wie du dich in einer Liebesbeziehung fühlen möchtest. Wenn du deine Wünsche wirklich manifestieren willst, musst du dich darauf konzentrieren, wie du dich fühlen möchtest – und dieses Gefühl wird Liebe zu dir ziehen. Wenn du diese Meditation durchführst, dann sei bereit, deine Liebeszone anzuzapfen und dich auf ein tolles Liebeserlebnis gefasst zu machen! Hör dir die Meditation auf Gabbyb.tv/MediDate an.

Mach dich frei von deinen Dating-Illusionen und starte heute Medi-Dating!

Wunder-Botschaft #21:
Ich bin bereit, Liebe zu erfahren.
#DuBistDeinGuru

#22: LEG DAS LAMPENFIEBER AB.

Ob es darum geht, eine Grundsatzrede zu halten, eine Präsentation in der Arbeit zu geben oder gar einen Hochzeitstoast auszubringen, wie müssen damit rechnen, irgendwann im Rampenlicht zu stehen. Egal wie groß die Gruppe ist, es kann einschüchternd sein, in der Öffentlichkeit zu sprechen. Manche werden ganz kopflos. Ich habe erlebt, dass völlig selbstsichere Leute keinen Piep mehr von sich geben können, wenn sie öffentlich sprechen sollen. Die lähmende Erfahrung des Lampenfiebers kann ein Haupthindernis dafür sein, im Beruf weiterzukommen oder sogar deine Talente zu zeigen.

Lampenfieber rührt von einschränkenden Überzeugungen her, wie etwa: »Es ist gefährlich, in der Öffentlichkeit zu sprechen«, oder: »Man wird mich dafür, was ich zu sagen habe, nicht akzeptieren.« Wenn du diese uralte krankhafte Angst loswerden willst, musst du dich mit dem Teil des Gehirns beschäftigen, der Lampenfieber (und alle anderen Ängste) auslöst: der Amygdala. Die Amygdala spielt eine entscheidende Rolle beim Speichern von Erinnerungen, die mit emotionalen Vorfällen assoziiert sind. Wenn sie aktiviert wird, vermag sie das logische Gehirn zu umgehen und uns in den Kampf-oder-Flucht-Modus zu versetzen.

Indem du auf bestimmte Körpermeridiane Druck ausübst, kannst du deine Amygdala regulieren und dich von der Illusion, dass du dich in Gefahr befindest, befreien. Der simple Akt, Druck auf einen bestimmten Körpermeridian auszuüben (Meridiane beziehungsweise Leitbahnen sind in der traditionellen chinesischen Medizin Kanäle, in denen die Lebensenergie fließt), kann eine neue Emotion entstehen lassen, die dir hilft, dich zu beruhigen und eine neue Erfahrung zu erzeugen.

Dieses Werkzeug ist den Techniken der Emotionalen Freiheit (EFT) ähnlich, ansonsten auch als Tapping bekannt. Die Idee hierbei ist, dass wir, wenn wir auf bestimmte Energiemeridiane klopfen, stagnierende Emotionen freibekommen und eine neue Erfahrung im Gehirn auslösen können. (Bei Technik#25 erfährst du mehr über das Tapping.)

Mein Kundalini-Lehrer Joseph Aman-bir Young hilft Menschen dabei, Stress und Spannungen aufzulösen und neue emotionale Muster zu erzeugen. Er sagt: »Jeder Meridianpunkt übt einen anderen Einfluss auf unsere Psyche aus. Eine einfache Methode gegen Lampenfieber ist, Druck auf einen Punkt an der Unterarmaußenseite auszuüben. Dieser Punkt heißt ›Äußeres Grenztor‹ (Wai Guan, Dreifacher Erwärmer 5). Dies ermöglicht uns, Situationen durchzustehen, in denen es darauf ankommt, dass wir Mut und Selbstvertrauen haben.«

Hat das Lampenfieber dich im Griff? Amanbir zufolge solltest du dann mittleren Druck auf die Unterarmaußenseite ausüben (es funktioniert bei beiden Armen!) etwa 7,5 cm von der Handgelenkaußenseite. Drücke eine bis drei Minuten lang.

Wunder-Botschaft #22:
Ich spreche voller Selbstvertrauen,
denn die Welt braucht mein Licht.
#DuBistDeinGuru

#23: BETE, BEVOR DU BEZAHLST.

Ich muss zugeben, dass ich früher zu den Leuten gehörte, die ihre Rechnungen stapeln. Jawohl, so war ich. Jeden Monat wurde der Stapel auf meinem Schreibtisch immer größer und wackeliger. Jedes Mal, wenn ich ihn ansah, überkamen mich Anfälle von Frustration darüber, sie begleichen zu müssen. Vielleicht rührte das von einer alten Angst her, nicht genug zu haben, oder vielleicht trainierte ich einfach nur meine Selbstsabotage-Muskeln. Woran es auch gelegen haben mag, es war ein recht grässliches Monatsritual. Doch dann wurde mir klar, dass meine schlechte Angewohnheit mich in vielerlei Hinsicht blockierte und unnötige Frustration und Schuld-gefühle hervorrief. Mein Rechnungsstapel müllte meinen Schreibtisch zu – und das ging nun mal gar nicht. Der alten chinesischen Feng Shui-Methode zufolge sollte der Bürobe-reich unbedingt frei von jeglichem überflüssigen Zeug sein. Müll, Unordnung hat einen tief gehenden Einfluss auf unser emotionales, geistiges, körperliches und spirituelles Wohlbe-finden. Dadurch, dass man die Unordnung beseitigt, wird Lebensenergie freigesetzt, was wiederum geistige Klarheit, Inspiration und sogar unsere Erwerbsfähigkeit fördert.

Mein erster Schritt hin zur Heilung meiner Beziehung zu meinen Rechnungen bestand darin, meinen Schreibtisch auf-zuräumen. Ich nahm alle meine Rechnungen und ordnete jede einzelne in eine wunderschöne grüne Schachtel ein.

(Wenn du papierlose Rechnungen erhältst, kannst du ähnlich mit deinen Mails vorgehen. Erstelle einfach bunte Labels oder Ordner für jede Rechnung und ordne sie bei Empfang entsprechend ein. Auf diese Weise musst du nicht mehr nach den aktuellsten E-Mail-Rechnungen suchen.)

Sobald ich alles geordnet hatte, verpflichtete ich mich, meine monatlichen Rechnungen in meine spirituelle Praxis einzubeziehen. Ich setzte mich mit meiner wunderschönen grünen Schachtel hin und betete über jede Rechnung, bevor ich einen Scheck ausstellte. Ich sagte: »Danke, Universum, dass du mich mit den Ressourcen versorgst, um diese Rechnungen zu begleichen. Ich bin dankbar dafür, zur Wirtschaft beizutragen und mein wachsendes Unternehmen zu fördern.« Das einfache Rezitieren dieses Gebets vor der Begleichung einer jeden Rechnung energetisierte mich. Ich war durchdrungen von einer Haltung der Dankbarkeit statt von einer Essenz der Angst und Anspannung.

Jetzt verläuft mein Rechnungsbegleichungs-Prozess sehr viel angenehmer, und mein Schreibtisch ist frei von Müll und Unordnung. Und um noch einen draufzusetzen: Sobald ich meinen Schreibtisch aufgeräumt hatte, fiel mir immer mehr auf, dass sich viele andere neue berufliche Chancen ergaben. Geld begann reichlicher zu fließen, sobald ich Platz geschaffen hatte, um es zu empfangen.

Wenn dir das Begleichen von Rechnungen viel Unbehagen bereitet, verwende diese Tipps, um diese Blocka-Ode zu durchbrechen. Räum deinen Schreibtisch auf und bete vor dem Bezahlen!

Wunder-Botschaft #23:
Bete, bevor du bezahlst.
#DuBistDeinGuru

#24: STELL KEINE VERGLEICHE MEHR AN.

Vergleichen ist eine fiese Angewohnheit. Wenn wir uns mit anderen vergleichen, verfallen wir der Überzeugung, dass wir besser oder schlechter als jemand anders sind. Vergleiche zu ziehen schafft Feindseligkeit, Groll, Eifersucht und Konkurrenzkampf. Auf diese Weise zu leben kann deinem Glück und deinem inneren Frieden schaden. Wie kannst du friedvoll sein, wenn du dich ständig vergleichst? Es ist anstrengend!

Unter dem Wunsch zu vergleichen verbirgt sich ein tief verwurzeltes Gefühl, dass wir nicht genügen. Wenn wir ein unbewusstes Gefühl von Mangel verspüren, projizieren wir diesen Mangel auf andere, damit wir nicht so deprimiert sind wegen uns selbst. Es ist ein Teufelskreis. Vielleicht bist du seit einer Weile Single und vergleichst dich oft mit Paaren. Dieser Akt des Vergleichens lässt dich schier durchdrehen und hebt all das, was du nicht hast, noch stärker hervor und überzeugt dich davon, dass Leute mit Partner besser sind als du. Oder vielleicht vergleichst du dich mit Berühmtheiten und angesehenen Persönlichkeiten. Du siehst dich immer als minderwertig und fühlst dich tatsächlich unvollständig. Das Verständnis dieses Musters ist der erste Schritt dahin, es zu transformieren.

Sobald du dir deiner Gewohnheit, Vergleiche anzustellen, bewusst bist, ergreifst du als nächsten Schritt Maßnah-men, um dein Verhalten zu ändern. Sobald du dich dabei ertappst,

Vergleiche anzustellen, hältst du inne und sag
laut oder zu dir selbst): »Das Licht, das ich in j
eine Reflexion meines inneren Lichts.« Selbst wenn
an diese Affirmation glaubst oder findest, dass sie zu sei..
nach New Age klingt, probiere es einfach mal aus. Immer
wenn du dich vergleichst, rezitierst du diese Affirmation.

Die Entscheidung zu treffen, in dem Moment Einssein zu
erkennen, kann dich von dem Bedürfnis, Vergleiche zu ziehen, befreien. Du kannst davon augenblicklich befreit sein.
Das ist ein Wunder.

Wende diese Methode so oft wie möglich an und achte
darauf, wie du dich veränderst. Die Veränderungen sind anfangs vielleicht subtiler Natur, aber du wirst sofort Erleichterung verspüren. Mach dich frei von diesem Kreislauf des
Vergleichens und finde deinen Frieden mit dem, der du bist.

Wunder-Botschaft #24:
Statt sich mit anderen zu vergleichen, bete:
Das Licht, das ich in dir sehe,
spiegelt mein inneres Licht wider.
#DuBistDeinGuru

#25: KLOPF DIESEN STRESS WEG!

Stress ist zu einer wahren Epidemie geworden. Wann hast du das letzte Mal »Ich bin so gestresst« gesagt? Diese Woche? Heute? Ich höre es die ganze Zeit – das scheint bei sehr vielen Menschen der Normalzustand zu sein. In vielen Fällen rührt Stress von nicht geheilten vergangenen Erfahrungen her, die in der Gegenwart auf Angst basierende Vorstellungen erzeugen. Wir geraten in Stress, sobald Erinnerungen an diese Erlebnisse ausgelöst werden. Vielleicht wurde dir als Kind gesagt, dass du übergewichtig bist. Immer zur Essenszeit aktivieren die Speisen auf dem Tisch Erinnerungen bei dir, die Stress und Angst rund ums Essen erzeugen. Oder vielleicht hegst du eine alte einschränkende Überzeugung, dass du nicht gut vorlesen kannst. Wann immer du nun aufgefordert wirst, mit lauter Stimme zu lesen, entsteht Stress und du wirst von Angst überwältigt.

Und so funktioniert das Ganze: Wir treffen auf einen Auslöser, woraufhin Cortisol (ein Stresshormon) in den Blutkreislauf freigesetzt wird. Obgleich Cortisol wichtig ist für die Reaktion des Körpers auf Stress, ist es ebenso wichtig, dass wir eine Zeit der Entspannung erleben, sonst können wir nicht in einen Normalzustand zurückkehren. Unser hektischer, stressreicher Lebensstil stattet uns gewöhnlich nicht mit den Werkzeugen aus, um wieder in die Entspan-nung zu kommen. Und so wird der Stress chronisch – wir haben ständig einen hohen Cortisolspiegel im Blutkreislauf. Dieser hohe Cortisolspiegel kann gravierende Wirkungen auf den Körper haben. Extremer Stress kann zu Blutzucker-Ungleichgewicht, Konzentrationsstörungen, hohem Blutdruck, Schilddrüsen-funktionsstörungen und vielen anderen Symptomen führen. Die gute Nachricht ist, dass für uns alle ein stressfreies Leben möglich ist. Wir brauchen nur die notwendigen Hilfsmittel, um Stress in null Komma nichts aufzulösen.

Mein Stressmanagement besteht darin, regelmäßig EFT, also Techniken der Emotionalen Freiheit oder auch als Tapping bzw. Klopfen bezeichnet, zu praktizieren. EFT ist eine psychologische Akupressurtechnik zur Förderung der emotionalen Gesundheit. Ich habe festgestellt, dass Tapping eine der großartigsten Methoden ist, um Blockaden augen-blicklich zu durchbrechen. Im weiteren Verlauf dieses Buches kannst du noch mit weiteren Klopfübungen gegen spezielle Blockaden rechnen. (Falls du dich intensiver mit Tapping be-fassen möchtest, probiere einmal das unglaubliche Buch *Tapping. Leben ohne Stress* von meinem Freund Nick Ortner aus.)

Diese Übung bietet dir die tolle Möglichkeit, das Tapping in dein Leben einzuführen. Du kannst bei jedem Problem, das auftaucht, klopfen, ob du nun wegen der Arbeit gestresst bist, dich in deinem Privatleben unter Druck gesetzt fühlst oder was auch immer anliegt. Bei dieser Methode geht es dar-um, dass du auf bestimmte Punkte klopfst, die auf den Energiemeridianen deines Körpers liegen. Jeder beim Tapping angegebene Meridian bezieht sich auf ein bestimmtes Organ oder einen bestimmten Körperteil. Wenn du diese Meridiane stimulierst, gibst du der Amygdala (dem Teil des Gehirns, der für die Kampf-oder-Flucht-Reaktion verantwortlich ist) zu verstehen, sich abzuregen. Wenn die Amygdala die Nachricht erhält, dass es sicher ist, sich zu entspannen, wird der Stress sofort nachlassen. Während du auf bestimmte Punkte klopfst, wirst du durch meine Schritt-für-Schritt-Anleitung aufgefordert, bestimmte Emotionen, die um deinen Stress herum auftauchen, anzusprechen. Folge einfach meinen Anweisungen und lokalisiere mithilfe der Abbildung die einzelnen Klopfpunkte. Lass uns mit dem Tapping beginnen!

Eine Klopfsitzung startest du immer mit dem dringlichsten Problem (Most Pressing Issue, kurz: MPI). In diesem Fall bezieht sich das MPI auf Stress. Dazu werden wir den Satz *Ich bin total gestresst und überfordert* nehmen. Bevor wir richtig einsteigen, bewerte dieses MPI auf einer Skala von 1 bis 10, wobei 10 am unangenehmsten ist.

Verwende die folgende Anleitung und klopfe auf bestimmte Körperstellen, während du die empfohlenen Sätze sprichst. Schau dir vorher noch die einzelnen Klopfpunkte in der Abbildung auf der rechten Seite an.

Beklopfe als Erstes den Karateschlag-Punkt. Klopfe etwa sieben Mal leicht auf jeden Punkt. Wiederhole beim Klopfen den folgenden Satz dreimal: *Auch wenn ich gestresst und überfordert bin, akzeptiere ich mich zutiefst und voll und ganz.*

Karateschlag: Auch wenn ich gestresst und überfordert bin, akzeptiere ich mich zutiefst und voll und ganz.

Karateschlag: Auch wenn ich gestresst und überfordert bin, akzeptiere ich mich zutiefst und voll und ganz.

Karateschlag: Auch wenn ich gestresst und überfordert bin, akzeptiere ich mich zutiefst und voll und ganz.

Klopf dann auf die anderen Punkte und sage dabei laut die folgenden Sätze:

Augenbraue: Dieser ganze Stress macht mich wahnsinnig.

Klopfpunkte

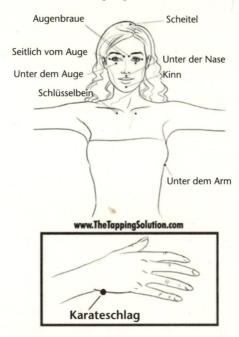

Seitlich vom Auge: Ich fühle mich überfordert und verängstigt.

Unter dem Auge: Ich glaube nicht, dass ich etwas zustande bringe.

Unter der Nase: Wenn ich nichts zustande bringe, werde ich noch gestresster sein.

Kinn: Dieser ganze Stress überfordert mich.

Schlüsselbein: Ich habe Angst, dass ich überhaupt nichts geregelt bekomme.

Unter dem Arm: Diese Angst verursacht noch mehr Stress.

Scheitel: Ich kann einfach nicht zur Ruhe kommen.

Augenbraue: Ich kann mir nicht vorstellen, wie ich das alles erledigen soll.

Seitlich vom Auge: Dieser ganze Stress.

Unter dem Auge: Diese ganze Angst wird schlimmer.

Unter der Nase: Ich kann kaum noch atmen, wenn ich gestresst bin.

Kinn: Ich bekomme mein Leben nicht geregelt, ohne in Stress zu geraten.

Schlüsselbein: Ich habe Angst, die Kontrolle loszulassen.

Unter dem Arm: Ich muss die Kontrolle behalten.

Scheitel: Mein Stress macht mir Angst.

Klopf dich weiterhin durch die »negativen Runden« (all die Äußerungen darüber, wie gestresst du bist), bis du ein Gefühl der Erleichterung verspürst. Sobald sich dieses Gefühl der Erleichterung einstellt, fängst du an, dich durch die »positiven Runden« zu klopfen. Dabei sprichst du laut die folgenden Sätze:

Augenbraue: Ich weiß, dass dieser Stress mir nichts bringt.

Seitlich vom Auge: Ich glaube, ich kann stressfrei leben.

Unter dem Auge: Meine wahren Leistungen ergeben sich durch innere Ruhe.

Unter der Nase: Wenn ich ruhig und gelassen bin, habe ich mehr Energie, um alles zu erledigen.

Kinn: Ich brauche diesen Stress nicht mehr.

Schlüsselbein: Ich bin bereit, diese Überforderung loszulassen.

Unter dem Arm: Ich kann jetzt entspannen.

Scheitel: Ich bin jetzt ruhig.

Klopf dich so oft durch die positiven Aussagen, wie du möchtest, bis du echte Erleichterung empfindest.

Wenn du fertig bist, sage dein MPI laut: *Selbst wenn ich gestresst und überfordert bin, akzeptiere ich mich zutiefst und voll und ganz.* Bewerte das MPI nun wieder auf der Skala zwischen 1 und 10 und vergleiche diesen Wert mit dem Anfangswert.

Wenn du dich mit deiner ganzen Bereitschaft durch alle Runden geklopft hast, wirst du mit Sicherheit Erleichterung empfinden. Es kann vorkommen, dass du binnen einer Minute Tapping von 10 auf den Wert 2 kommst. Tapping ist eine der effektivsten Techniken, um Blockaden im Nu zu durchbrechen. Wenn du dich nicht entspannt fühlst, mach dir keine Sorgen! Klopf einfach weiter. Es kann ein wenig dauern, bis man sich daran gewöhnt hat, aber dein Körper und dein Geist werden darauf ansprechen. Klopf weiter!

Wunder-Botschaft #25:
Alter Schmerz kann aufgelöst werden,
einfach indem man ihn spürt.
#DuBistDeinGuru

#26: DENK DICH DA WIEDER HINAUS.

Ohne uns dessen überhaupt bewusst zu sein, können wir uns so sehr in etwas hineindenken, dass wir durchdrehen. Ein Gedanke führt zum nächsten, bis sie sich schließlich überschlagen und du in einer schrecklichen Illusion feststeckst. Vielleicht quälst du dich damit herum, deinen Job zu verlieren. Kaum kreuzt dann dein Chef mit schlechter Laune auf, schaltet sich deine Angst ein und deine Gedanken fangen an zu rasen. Du steigerst dich in das Worst-Case-Szenario hinein und stellst dir schon den Augenblick vor, in dem dein Chef dich in sein Büro ruft, um dir die Kündigung auszusprechen. Dann denkst du dich in den Moment hinein, in dem du das Büro mit deinen in einer Archivbox verstauten Sachen verlässt.

Als Nächstes denkst du daran, wie schwer es sein wird, die Rechnungen zu bezahlen – und an all deine anderen Verpflichtungen. Du sitzt an deinem Schreibtisch, und langsam packt dich das Entsetzen, du stehst am Rande einer Panikattacke, und so vergeht die nächste halbe Stunde. Doch dieses ganze Chaos wurde in deinem Kopf kreiert aufgrund eines winzigen verrückten Gedankens über deinen Job. Indes hat dein Chef schlechte Laune wegen eines persönlichen Problems, das mit dir überhaupt nichts zu tun hat! Das ist ein klares Beispiel dafür, dass die meisten unserer Ängste auf fürchterlichen Gedanken beruhen und nicht auf Tatsachen.

Schätzungen von Psychologen zufolge haben wir täglich mehr als 60 000 Gedanken, und von diesen Gedanken werden 95 bis 99 Prozent wiederholt. Wahrscheinlich bist du allzu vertraut mit deinen sich ständig wiederholenden Gedanken, wie etwa *Ich habe nicht genug. Das wird nie funktionieren. Ich bin nicht gut genug für diesen Partner* ... und so weiter und so weiter.

Um das Muster deiner Gedanken in eine andere Richtung zu lenken, musst du dir proaktiv neue Gedanken wählen. Diese Übung erfordert Bereitschaft, aber hallo, es lohnt sich! Und so geht es: Immer wenn du bemerkst, dass sich deine Gedanken wie verrückt im Kreis drehen, nimmst du das Gummiband zur Hilfe (siehe Technik #14). Zieh daran und lass es zurückschnalzen, damit du aus diesem Angstkreislauf herauskommst. Dann denkst du dich sofort aus dieser Geschichte hinaus. Gedanke für Gedanke strebst du so nach einer höheren, liebevolleren Perspektive.

Zur Veranschaulichung nehmen wir uns noch mal das Job-Szenario vor. Dieselbe Situation: Dein Chef kommt mit schlechter Laune zur Arbeit, und deine Angst, gefeuert zu werden, kommt auf. Statt sich der Angstspirale zu ergeben, ziehst du an deinem Gummiband, um deine Gedanken in eine andere Richtung zu lenken. Und dann steuerst du sofort auf eine positive Sichtweise hin. Und das können deine nächsten Gedanken sein: *Ich weiß, dass er manchmal mit schlechter Laune zur Arbeit kommt, aber das ist wahrscheinlich ein privates Problem. Ich werde meinem Chef positive Gedanken senden, damit er loslassen kann, was ihn so verärgert. Ich vertraue darauf, dass meine positive Haltung und meine konstruktive Lebenseinstellung mir dabei helfen werden, dass mir dieser Job erhalten bleibt. Ich weiß, dass ich hervorragend arbeite und die Leute gern in meiner Nähe sind. Ich bin von meinen Fähigkeiten überzeugt und vertraue auf meine Referenzen. Mein Job ist sicher. Ich bin mit mir im Einklang. Alles ist gut.*

Wie du sehen kannst, ist das ein viel positiverer Weg, deine Gedanken in den Griff zu bekommen. Indem du dich einfach aus deiner Angst hinausdenkst, kannst du deine ganze Erfahrung verändern. Während du deine Gedanken anhebst, hebst du auch deine Energie an, und sie werden dann den Erfahrungen entsprechen, die angenehmer sind. Vertraue auf die Kraft deiner Gedanken und nimm sie sehr ernst. In nur einer Minute kannst du dich aus der Angst hinausdenken und zurück zur Liebe finden. Praktiziere dieses Prinzip, wann immer du bemerkst, dass sich Angst einschleicht.

Wunder-Botschaft #26:
Ich kann mich aus meiner Angst hinausdenken.
#DuBistDeinGuru

#27: VERGIB UND LÖSCHE.

Eines Tages rief mich meine Mutter an. Sie war außer sich und erzählte mir atemlos: »Jemand hat auf deiner Facebook-Fanseite hässliche Sachen über dich geschrieben! Aber mach dir keine Sorgen, Süße. Ich habe ihr geantwortet und ihr den Kopf zurechtgerückt.« Ich lachte und sagte: »Danke, dass du für mich eingetreten bist, Mama, aber so gehe ich nicht mit Negativität im Internet um.« Ich erklärte ihr dann, dass ich als spirituelle Schülerin und Lehrerin praktizieren muss, was ich auch predige. Ich half meiner Mutter zu verstehen, dass man, wenn man sich auf Negativität einlässt, nur Negativität reinbuttert. Statt mich zu verteidigen und zurückzuschlagen, habe ich gelernt, diese Vorfälle als göttliche spirituelle Lernaufgaben zu betrachten. Durch Mitgefühl, Wehrlosigkeit und Vergebung bin ich zu der Erkenntnis gelangt, dass der achtsame Umgang mit Online-Hatern meine spirituelle Überzeugung nur stärken kann.

Wie es das Universum so wollte, war das nicht mein einziges Gespräch über Internet-Bashing in jener Woche. Am folgenden Tag war ich in Chicago, wo Aufnahmen für Oprahs Show *Super Soul Sunday* stattfanden. Und was war eine von Oprahs ersten Fragen an mich? Sie fragte, wie ich mit Online-Hatern umgehe! Ich antwortete umgehend: »Vergeben und löschen.«

Wenn du meiner Mutter ähnlich bist, ist es an der Zeit, die

Boxhandschuhe abzulegen und dieses Prinzip im Umgang mit Bashern zu verwenden.

Hab Mitgefühl mit diesen Leuten. Seien wir doch mal ehrlich: Glückliche Menschen posten keine bösartigen, unverschämten Kommentare im Web. Mitgefühl wird dich wieder mit einem Gefühl von Einssein und Wehrlosigkeit verbinden, was dir helfen wird, die Boxhandschuhe auszuziehen und eine neue Sichtweise anzunehmen. Lass einfach los und vergib. Um die Sache wirklich abzuschließen, empfehle ich dir ein Gebet. Sag einfach: »Ich bete darum, dir zu vergeben und dich loszulassen.« Dann zögere nicht, den Teilnehmer zu blockieren oder zu löschen oder den Kom-mentar zu verbergen. Wenn du den Feed löschen kannst, kümmere dich regelmäßig darum. Es gibt keinen Grund, negative Kommentare stehen zu lassen. Vergib und lösche einfach.

Wunder-Botschaft #27:
Wie geht man mit Internet-Bashing um?
Vergeben und löschen!
#DuBistDeinGuru

#28: TEILE KOMPLIMENTE AUFRICHTIG UND GROSSZÜGIG AUS.

So großartig, wie es sich anfühlt, Komplimente zu erhalten, ist es gleichermaßen wirkungsvoll, sie zu geben. Liebe und Güte zu zeigen kann in einem Augenblick deine Energie verändern und dein Nervensystem unterstützen. In vielen wissenschaftlichen Magazinen wird darauf hingewiesen, dass zwischen Mitgefühl und dem Vagus (Hauptnerv des parasympathischen Systems), der das Herz reguliert und den Entzündungsspiegel im Körper kontrolliert, eine starke Verbindung besteht. Vagus ist lateinisch und hat die Bedeutung »wandernd«, was zutreffend ist – dieser lange Nerv zieht sich durch den ganzen Körper und hat sehr viel Einfluss. Eine Studie konzentrierte sich auf die Meditation der liebevollen Güte – ein Grundpfeiler im tibetischen Buddhismus. Die Forscher fanden heraus, dass Güte und Mitgefühl Entzündungen im Körper reduzieren aufgrund ihrer Wirkung auf den Vagus.

Mit den gesundheitlichen Vorteilen von Güte gehen auch emotionale Vorteile einher. Wenn wir anderen Liebe und Güte zeigen, konzentrieren wir uns auf unseren natürlichen Zustand. *Ein Kurs in Wundern* lehrt: »Die Güte hat mich gütig erschaffen.« Diese Botschaft erinnert uns daran, dass unsere wahre Natur darin besteht, gütig und liebevoll gegenüber allen zu sein. Leider verlieren wir unsere wahre Güte aus den Augen, wenn die auf Angst basierten Lebens-weisen greifen. Je mehr wir also Güte bewusst praktizieren, umso besser werden wir uns fühlen, weil wir von unserer Wahrheit Gebrauch machen.

Eine der großartigsten Möglichkeiten, Liebe und Güte zu teilen, ist es, jemandem ein Kompliment zu machen. Das ist ganz einfach. Nimm dir im Laufe des Tages Zeit, um jemandem ein aufrichtiges Kompliment zu machen. Es spielt keine Rolle, ob du die Person kennst (tatsächlich ist es eine tolle Sache, einem Fremden ein Kompliment zu machen, um eine unmittelbare positive Verbindung herzustellen). Teile einfach das Kompliment aufrichtig aus. Denke daran, darauf zu achten, wie sich die Energie der anderen Person verändert. Erlebe mit, wie ihr inneres Licht aufflackert, und lass deine eigene Stimmung davon beleuchten. Wenn du einer anderen Person ein Kompliment machst, machst du dir im Grunde selbst ein Kompliment. Güte ist wie ein Bumerang.

Wunder-Botschaft #28:
Teile aufrichtig und großzügig Komplimente aus.
#DuBistDeinGuru

#29: DU BIST NICHT IDENTISCH MIT DEINEN GEWOHNHEITEN.

Im Laufe meines Lebens habe ich viele schlechte Gewohnheiten abgelegt. Erst vor Kurzem habe ich aufgehört, Kaffee zu trinken – und davon loszukommen war nicht leicht. So merkwürdig es sich anhören mag, aber tatsächlich fiel es mir schwerer, als damals Drogen und Alkohol aufzugeben und trocken zu werden. Koffein war die letzte Droge, an der ich noch hing, und weil es mich nicht tötete, gestattete ich mir weiterhin, ihn zu trinken.

Einer der Hauptgründe, warum wir an Gewohnheiten festhalten, von denen wir wissen, dass sie uns nicht guttun, sind unsere zulassenden Gedanken, wie etwa: *Eine Tasse Kaffee wird mich nicht umbringen.* Oder: *Ich trinke nur am Wochenende.* Durch diese Gedanken halten wir an unserer Überzeugung fest, dass an unserem Verhalten nichts Schlimmes ist, auch wenn wir tief in uns wissen, dass das nicht stimmt.

In vielen Fällen benutzen wir unsere schlechten Gewohnheiten dazu, der Auseinandersetzung mit einem viel problematischeren Thema auszuweichen. In meinem Fall benutzte ich Kaffee als mein letztes Laster. Da ich ja nun clean war, fand ich, dass ich es verdiente, nach etwas zu greifen, wenn ich das Gefühl hatte, einen Schuss zu brauchen. Diese Gewohnheit schien harmlos zu sein, aber als ich ehrlich gegenüber mir selbst wurde, erkannte ich, dass ich den Kaffee lediglich als eine andere Droge benutzte. Als ich mein Verhalten aufrichtig untersuchte, wurde mich klar, dass ich aufhören musste, mir die Erlaubnis zum Kaffeetrinken zu geben, und dass es Zeit wurde, mit dieser Gewohnheit zu brechen.

Eine schlechte Gewohnheit abzulegen kann am Anfang wirklich sehr unangenehm sein. Um dir zu helfen, die Sache entspannt anzugehen, findest du im Folgenden die drei Schritte, die bei mir funktionierten, als ich mit dem Kaffeetrinken aufhörte.

Schritt 1: Bleibe im Jetzt. Einer der Hauptgründe, warum wir bei dem Versuch, eine Gewohnheit zu ändern, ins Stolpern geraten, ist, dass wir anfangen, uns in der Zukunft verzetteln. Als ich zum Beispiel anfing, auf Kaffee zu verzichten, projizierte ich das auf die Zukunft mit Gedanken wie: *Was soll ich denn machen, wenn ich in Europa bin und einen Cappuccino trinken möchte?* Was mir am meisten half, wenn ich wegen solcher Gedanken an zukünftige Szenarien ausflippte, war, einfach in der Gegenwart zu bleiben. Ich sagte mir dann: *Ich brauche mir keine Sorgen über morgen zu machen. Heute entscheide ich mich dafür, keinen Kaffee zu trinken.* Ich legte mich immer nur für einen Tag fest, einen Tag nach dem anderen.

Schritt 2: Verändere dein Atemmuster. Sobald wir unser Atemmuster verändern, verändern wir unsere Energie und dadurch unsere Erfahrung. Wann immer du dich dabei ertappst, in dein negatives Verhalten zurückzufallen, nimm einen langen, tiefen Atemzug. Wenn du deine Atmung veränderst, veränderst du auch deine Energie. Deine ruhige und zentrierte Energie wird dich dabei unterstützen, das positive Verhalten beizubehalten, und dich daran hindern, deiner schlechten Gewohnheit nachzugeben.

Schritt 3: Mach es freudvoll. Eine negative Gewohnheit aufzugeben muss nicht qualvoll sein. Tatsächlich kann es eine freudvolle Angelegenheit sein. Um eine echte Veränderung zu bewirken, brauchen wir mehr als nur Willenskraft: Wir müssen die Freude und Neugierde in unserer neuen Situation finden. Mit einer schlechten Gewohnheit zu brechen bedeutet im Grunde, sich eine neue Gewohnheit zu eigen zu machen. . Und diese neue Gewohnheit kann dir zu Glück und Zufriedenheit verhelfen. In meinem Fall entschied ich mich, mich nicht mit dem Verzicht auf Kaffee aufzuhalten, stattdessen verliebte ich mich in biologisch angebauten Tee.

Wenn du bereit bist, ein Laster, das dich plagt, loszulassen, befolge die drei Schritte und finde Spaß daran, dir neue Gewohnheiten anzueignen.

Wunder-Botschaft #29:
Ich kann meine Verhaltensmuster verändern,
wenn ich mir einfach bessere zulege.
#DuBistDeinGuru

#30: BENUTZE EINE »RUCKSACK«-MEDITATION.

Den ganzen Tag lang werden wir mit Stressauslösern konfrontiert. Auslöser können alle möglichen Umstände, Men-schen, Geräusche, ja sogar das Wetter sein. Yogi Bhajan sagte, dass unser Verhalten zu 85 Prozent automatisch abläuft und von unserer Umgebung bestimmt wird. Wenn wir unsere Stimmung von unserer Umgebung diktieren lassen, dann wird uns unser Leben wie ein Wechselbad der Gefühle vorkommen. Diesem Wechselbad entkommen wir nur mithilfe unseres Atems.

Du musst das Atmen als etwas Nachträgliches betrachten und dem Rhythmus und der Tiefe deines Ein- und Ausatmens wenig Beachtung schenken. Vielleicht hast du auch nie gelernt, richtig zu atmen. Wenn ich neue Zuhörer an das Thema Atem heranführe, bin ich immer wieder erstaunt, wie viele Leute genau *andersherum* atmen, als sie es tun sollten. Die richtige Atmung ist die yogische Atmung, bei der sich die Lungen und das Zwerchfell ausdehnen. Diese Atemtechnik ist einfach: Du atmest ein, und dein Zwerchfell dehnt sich aus, du atmest aus, und es zieht sich zusammen. Um sicherzustellen, dass du es richtig machst, lege eine Hand auf den Bauch und achte darauf, dass sich dein Bauch beim Einatmen ausdehnt und beim Ausatmen zusammenzieht.

Überprüfe es bei dir selbst. Atmest du auf diese Weise?

Wenn nicht, dann schneidest du dir selbst die Luft ab. Das ist in Ordnung. Ändere heute einfach das Muster.

Es ist nicht gerade unsere erste Reaktion auf Stress, uns bewusst unserem Atem zuzuwenden, wenn wir Hilfe brauchen. Die meisten von uns erheben wahrscheinlich die Stimme, kriegen Zustände oder brechen in Tränen aus. Statt die Nerven zu verlieren, wende diese Übung an, um dich wieder in eine friedliche Stimmung zu bringen.

Sie wird als »Rucksack«-Meditation bezeichnet. Du kannst diese Meditation in deinem Rucksack verstauen und sie einsetzen, wann immer und wo immer Stress aufkommt. Sie wird dich jedes Mal retten.

Und so funktioniert sie:

Die Haltung: Nimm im Schneidersitz die einfache Haltung ein.
Die Hände: Lege deine Hände in den Schoß und drücke deinen Daumen gegen den Zeigefinger. Dies wird das Gyan-Mudra genannt. Ein Mudra ist eine Hand-, Fingerhaltung, die den Energiefluss zum Gehirn leitet, indem sie bestimmte energetische Meridiane miteinander verbindet. Wenn du den

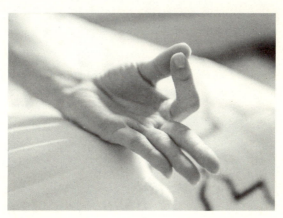

Daumen gegen den Zeigefinger drückst, setzt du dein Wissen in Gang. Der Zeigefinger steht für Jupiter, während der Daumen das Ego darstellt. Das Gyan-Mudra unterstützt die Aufnahmebereitschaft und Gelassenheit.

Die Atmung: Bei dieser Kundalini-Meditation soll man acht Mal durch die Nase einatmen und einmal durch die Nase ausatmen. (Schau dir zur visuellen Verdeutlichung das Video auf Gabbyb.tv/Miracles-Now an.) Wenn yogische Atmung neu für dich ist und es dir schwerfällt, so viel Luft einzuatmen, dann atme nur viermal ein statt achtmal. Atme viermal durch die Nase ein, dann atme einmal aus.

Dauer: Wenn du diese Meditation eine Minute lang durchführst, kannst du wundervolle Ergebnisse erfahren. Pack diese Meditation in deinen Rucksack und nutze sie, wann immer du dich gestresst, erschöpft oder angespannt fühlst. Die Kundalini-Yogis empfehlen, diese Meditation elf Minuten 40 Tage lang zu praktizieren. Du kannst mit drei Minuten anfangen und die Zeit dann allmählich auf elf Minuten erhöhen.

Achte genau darauf, wie deine Umgebung deine Stressmuster auslöst. Wann immer es möglich ist, greife zu dieser Meditation, um Stress loszulassen und deine Vitalität wiederherzustellen.

Wunder-Botschaft #30:
Wenn meine Umwelt meine Stimmung diktiert,
ist mein Leben eine Achterbahn.
Mit meinem Atem gewinne ich wieder Halt.
#Miracles Now

#31: SEI DER LEUCHTTURM.

Wir wissen noch alle, wie wir uns fühlten, als wir die Nachrichten über die Schießerei in der Sandy Hook Elementary School hörten. Ich war mitten in einer 60-stündigen Kundalini-Yoga-Lehrerausbildung, umgeben von einer vertrauensvollen Yogi-Gemeinschaft und unserer Lehrerin. Als wir die Nachrichten hörten, waren wir alle außer uns. Die meisten Leute in meiner Gruppe waren Eltern. Ich sah das Entsetzen in ihren Gesichtern. In dem Raum wurde es still, und einige begannen zu weinen. Dann wandten wir uns Hilfe suchend an unsere Lehrerin Gurmukh. Gurmukh widmet sich seit 45 Jahren dem Kundalini-Yoga. Sie sah die Gruppe liebevoll an und sprach einfache Worte, die tief bei mir Widerhall fanden. Sie sagte: »Ihr dürft nicht das Opfer sein, ihr müsst der Leuchtturm sein.« Ihre Reaktion stärkte und rührte uns.

Damit gab sie uns keineswegs zu verstehen, dass wir unsere Gefühle angesichts der Situation ignorieren sollten. Vielmehr wies sie uns an, unsere Gefühle wahrzunehmen und zu benutzen, um uns über das Trauma zu erheben. Statt in Tränen aufgelöst und voller Angst dazusitzen, unterwies uns Gurmukh in ein Gruppengebet. Wir saßen im Kreis mit den Ellbogen an den Rippen und den Handflächen nach oben gewandt (wie auf dem Foto). In diesem Kreis sangen wir das Mantra *Ra Ma Da Sa Sa Se So Hung*, was »Ich bin Du« bedeutet.

Es kann auch bedeuten: »Der Dienst an Gott ist in mir.« Diese Meditation kann allein oder in einer Gruppe durchgeführt werden, um sich selbst und um andere und die Welt zu heilen. Wer diese Meditation praktiziert, nimmt daran teil, die Schwingung der Welt zu verändern.

Mach diese Meditation allein oder in einer Gruppe.

Haltung: Nimm die einfache Haltung im Schneidersitz ein (wie auf dem Foto zu sehen ist).

Arme: Lege die Arme an die Rippen. Die Hände hältst du waagerecht, sodass deine Handflächen nach oben zeigen.

Mantra: Sing das Mantra *Ra Ma Da Sa Sa Se So Hung*. (Auf Gabbyb.tv/MiraclesNow kannst du die Musik und das Mantra downloaden.)

Wenn du in einer Gruppe bist, dann setzt euch in einen Kreis und haltet eure Hände so, dass sie einander zugewandt sind, um eine goldene Kette zu bilden, die die ganze Gruppe miteinander verbindet. Singt gemeinsam das Mantra *Ra Ma Da Sa Sa Se So Hung*. Ihr werdet sofort eine Veränderung in eurer Energie und eine starke Verbundenheit mit dem Universum wahrnehmen.

Du kannst diese Übung auch allein machen.

Wenn du gerade dieses Buch liest, dann hast du dich, ob es dir bewusst ist oder nicht, dazu verpflichtet, der Leuchtturm zu sein. Jeder, der auf einem spirituellen Weg geführt wird,

wird das Bewusstsein der Welt anheben. Praktiziere diese Meditation, wann immer du in der Angst und in der Opferrolle stecken bleibst, und erinnere dich daran, dass die Welt dein Licht braucht.

Wunder-Botschaft #31:
Ich bin kein Opfer, ich bin der Leuchtturm.
#DuBistDeinGuru

#32: NIMM EIN LICHTBAD.

Wenn es darum geht, ein Leben voller Lebensfreude zu führen, solltest du unbedingt eine der wichtigsten Techniken,
deine Energie wiederaufzuladen, lernen. Oft stecken wir in
dem Denken fest, dass wir nur etwas leisten, wenn wir auch
genügend überfordert und gestresst sind. Das entbehrt nicht
einer gewissen Ironie, wenn man die Tatsache in Betracht
zieht, dass Überforderung uns nur langsamer werden lässt,
indem sie all unsere Energie raubt. Auch wenn wir Überforderung nicht völlig vermeiden können, so können wir
doch Techniken benutzen, die uns helfen, unsere Energie
wiederherzustellen und aufzuladen.

Eines meiner großartigsten Werkzeuge zur Wiederher-
stellung meiner Energie ist ein Bad im warmen Licht. Ich
weiß, dass hört sich jetzt verwegen an, aber es ist unglaublich
effektiv! Such dir einen ruhigen Platz bei dir zu Hause, in der
Sauna deines Fitnessklubs oder sogar in deinem Büro (schließ
vorher die Tür!). Leg dich auf den Boden und stell dir einen
Wasserfall aus Licht vor, der über deinen Körper sprudelt.
Atme durch die Nase tief ein und aus. Während du atmest,
lass dich immer tiefer und tiefer in den Boden sinken. Stell
dir weiterhin diesen Wasserfall aus Licht vor, der sich über
dich ergießt, dich beruhigt, reinigt und regeneriert.

Vielleicht fängst du an, ein Vibrieren und Prickeln an deinem Körper zu spüren. Das ist nur ein Zeichen dafür, dass dei-

ne Energie sich wieder auf die Energie des Universums einstellt. Vergiss nicht, wir sind lediglich Energie, die von noch mehr Energie umgeben ist. Die Quantenphysik weist darauf hin, dass, wenn du die Struktur eines Atoms genauer unter die Lupe nimmst, nur Energiewellen aufzufinden sind. Wir bestehen aus Atomen, die unentwegt Licht und Energie abgeben und aufnehmen – selbst wenn wir schlafen.

Wenn du verstehst, dass der Körper nur aus Energie besteht, kannst du nachvollziehen, wie erschöpfend es ist, sich gestresst und überfordert zu fühlen. Stelle dir deinen Körper als eine Batterie vor, die mit positiver Energie wiederaufgeladen werden kann. Wenn wir ruhig werden und unsere Energie zentrieren, beginnen wir mit den uns umgebenden gewaltigen Kräften zu schwingen. Verabreiche deinem Körper ein einminütiges Lichtbad, das deine Batterie wiederauflädt.

Wunder-Botschaft #32:
Leg dich hin und lade deine Batterie wieder auf.
Die Welt braucht dein energetisches Licht.
#DuBistDeinGuru

#33: LASS EINEN STARKEN ENERGETISCHEN EINDRUCK ZURÜCK.

Selbst wenn du ein Plappermaul bist wie ich, ist die Wahrheit doch die, dass deine Energie lauter spricht als deine Worte. Es ist also wichtig, die Macht deiner Energie und Gedanken zu verstehen. Viele Leute halten es für selbstverständlich – sie glauben, dass, wenn sie all die richtigen Dinge sagen und tun, andere sie mögen werden. Aber wir fangen gegenseitig die Energie des anderen auf; auch wenn das auf unbewusster Ebene passiert, können wir erkennen, wenn die Worte oder Handlungen einer Person ihre Energie widerspiegeln. Es ist wichtig, die Macht deiner Gedanken und Gefühle zu akzeptieren, um zu lernen, einen positiven und starken energetischen Eindruck zurückzulassen.

Bevor du dich irgendwohin begibst, wo du deine Energie mit anderen austauschst, führe folgende Übung durch, um dein Energiefeld zu reinigen und deine Anziehung zu verstärken. Nimm erst mal einen tiefen Atemzug, bei dem sich das Zwerchfell ausdehnt. Beim Ausatmen zieht sich dein Zwerchfell wieder zusammen. Während du dieses Atemmuster wiederholst und dabei deinen Kopf freibekommst, setzt du dir positive Absichten. Sage dir beispielsweise: »Ich entscheide mich dafür, jegliche negative Energie, an der ich festhalte, zu entfernen. Ich entscheide mich dafür, mir all die positive Energie um mich herum und in mir zurückzuholen. Es ist meine Absicht, meine positive Energie mit der Welt zu teilen.« Mit deinem Atem und deinen positiven Absichten kannst du deine Stimmung vollkommen verändern und es dir zur Aufgabe machen, deine Größe mit jedem, dem du begegnest, zu teilen.

Einen positiven energetischen Eindruck zu hinterlassen wird dir in vielerlei Hinsicht dienlich sein. Auch wenn es sehr hilfreich sein kann, um dich mit anderen zu verbinden, so ist das intensivere Gefühl von Unterstützung und des Lebensflusses, das du dann verspüren wirst, doch der wichtigste Vorteil, den du daraus ziehst. Dieses Prinzip wird dir helfen, deine Energie zu reinigen, bevor du dich in eine neue Situation begibst, sodass du immer einen positiven Eindruck hinterlassen kannst.

Praktiziere dies beim nächsten Mal, bevor du einen Raum betrittst. Ob du jemandem begegnest, den du sehr gut kennst, oder einem völlig Fremden, übe dich darin, sodass du jederzeit darauf zugreifen kannst.

Wunder-Botschaft #33:
Meine positive Energie hinterlässt einen
starken Eindruck auf die Welt.
#DuBistDeinGuru

#34: SEI EINE LIEBESMASCHINE.

Hast du dich schon mal dabei ertappt, über Menschen zu urteilen, die du nicht einmal kennst – wie etwa den Fahrgast in der U-Bahn, der zwei Sitzplätze für sich in Anspruch nimmt? Oder fühlst du dich in bestimmten Umgebungen, zum Beispiel in deinem Büro, wie ein Außenseiter und projizierst negative Gedanken auf alle anderen, um dich so vor emotionalen Verletzungen zu »schützen«? Auch wenn dein Urteil dir vielleicht vorübergehende Erleichterung ver- schafft, wirst du dich dadurch langfristig nicht besser fühlen.

Wenn wir uns von anderen abspalten, koppeln wir uns von unserer liebevollen Wahrheit ab und fühlen uns blockiert. Der schnellste und wirkungsvollste Weg, um diese Blockade aufzulösen, ist, allen Liebe zu senden. Nun, ich schlage nicht vor, dass du auf jeden Fremden im Bus zugehen und ihn umarmen sollst. Vielmehr zeige ich dir eine Möglichkeit, allen, die du siehst, liebevolle Gedanken und Energie zukommen zu lassen.

Wie du bei Technik #33 gelernt hast, hinterlässt du überall, wo du auch sein magst, einen starken – guten oder schlechten – energetischen Eindruck. Lass uns also darangehen, nicht nur Liebe auszustrahlen, sondern sie auch aktiv zu teilen.

Sende den ganzen Tag lang allen Menschen, die du siehst, Liebe. Du kannst mit einem fürsorglichen Gebet, einem

Lächeln oder der einfachen Absicht, freundlich zu sein, Liebe senden. Wenn du im Bus sitzt, in der U-Bahn oder gar im Verkehr feststeckst, sendest du den anderen Verkehrsteilnehmern Liebe. Du kannst im Geiste sagen: *Ich bete für dich, dass du einen gesegneten Tag hast.* Bevor du zu deinem Arbeitsplatz gehst, segne im Stillen alle im Büro. Und wenn du abends nach Hause kommst – zu deinen Mitbewohnern, deiner Familie oder deiner Katze – sprich ein Gebet für sie, bevor du durch die Tür gehst.

Ein Kurs in Wundern lehrt uns, dass das Gebet das Medium von Wundern ist. Durch ein einfaches Gebet der Liebe kannst du den ganzen Tag eines anderen Menschen verändern. Sie wissen vielleicht nicht, dass du etwas getan hast, aber sie werden es mit Sicherheit spüren!

Yogi Bhajan sagte: »Wenn du Gott nicht in allem sehen kannst, dann kannst du Gott überhaupt nicht sehen.« Betrachte »Gott« als das Gleiche wie Liebe. Wenn du göttliche Liebe in deinem Leben erfahren willst, übe dich darin, Liebe in allem zu sehen. Stell dir vor, dass du eine Liebesmaschine bist, die immer liebevoller wird, sowie sich die Liebe verbreitet.

Verteile die Liebe weit und breit und achte darauf, wie du dich dabei fühlst. Achte auch darauf, wie Leute auf dich reagieren. Durch ein Gebet, ein Lächeln oder einen positiven Gedanken kannst du das Leben eines anderen verändern.

Wunder-Botschaft #34:
Wenn du Gott nicht in allem sehen kannst,
dann kannst du Gott
überhaupt nicht sehen. – Yogi Bhajan
#DuBistDeinGuru

#35: ÜBERANTWORTE DEINE ZWANGSVORSTELLUNGEN.

Hast du dir schon mal ein Ergebnis so sehr gewünscht, dass es zu einer Besessenheit ausartete? Vielleicht wolltest du in der Arbeit befördert werden oder vielleicht wirst du von dem Wunsch, einen Liebespartner zu finden, verzehrt. Es ist nichts Falsches an dem Wunsch, dass etwas Bestimmtes passieren soll, aber wenn du dich in das Ergebnis hineinsteigerst, kann dich das schnell herunterziehen.

Wenn du dich in ein gewünschtes Resultat hineinsteigerst, sagen Freunde oft: »Lass es doch dabei bewenden.« Wie wir alle wissen, ist das gar nicht so leicht, *es einfach dabei bewenden zu lassen*. Manchmal müssen wir einen Mehr-aufwand leisten und diesen Wunsch auf einer tieferen Ebene überantworten. Durch ein aufrichtiges Überantworten kannst du alle Ergebnisse loslassen und darauf vertrauen, dass das Universum dir den Rücken freihält.

Vor Jahren habe ich es mir zur Praxis gemacht, meine Wünsche an ein heiliges Dreieck zu übergeben. An meiner Wand hängt ein hölzernes Dreieck, das ein Symbol des brasilianischen Mediums João de Deus ist. Jede Seite des Dreiecks steht für eine bestimmte Idee: Mut, Glaube und Hoffnung. Wann immer ich einen Wunsch habe, den ich nicht loslassen kann, schreibe ich eine Notiz an das Univer-sum und stecke sie in das Dreieck. Ich schreibe: *Ich danke dir, Universum, dafür, diesen Wunsch an _____ zu leiten. Ich übergebe ihn dir,*

99

und ich vertraue darauf, dass dein Plan besser ist als meiner. Dann lege ich die Notiz in das Dreieck und lasse sie dort für eine Woche. Sobald die Woche um ist, entferne ich die Wunschnotiz und verbrenne sie. (Falls das Verbrennen deines Wunsches in deiner Umgebung aus irgendwelchen Gründen gefährlich ist, dann spüle den Zettel einfach die Toilette hinunter!)

Dieser einfache Akt, dem Universum einen Brief zu schreiben und diesen in das heilige Dreieck zu legen, hat mir geholfen, von einigen gravierenden Zwangsvorstellungen loszukommen. Sobald der Brief im Dreieck steckt, kehrt Stille ein, und ich bin sofort mit mir im Reinen.

Du kannst dir auch selbst ein Dreieck herstellen oder einfach eine kleine heilige Schachtel anfertigen, indem du einen Schuhkarton oder eine Schmuckschatulle verzierst. So, wie ich meine Wünsche in das Dreieck lege, kannst du deine in eine Schachtel legen. Beides erfüllt den Zweck. Das Universum weiß, was los ist, und wird sich schon um den Rest kümmern.

Wunder-Botschaft #35:
Ich überantworte meine Wünsche und weiß,
dass das Universum mir den Rücken freihält.
#DuBistDeinGuru

#36: BEWEG DICH DURCH DIE BLOCKADEN HINDURCH.

In meinem Buch *Add More ~ing to Your Life* erzählte ich von meiner Leidenschaft für das Springen auf einem Minitrampolin. Durch diese fabelhafte Übung fühle ich mich kind-licher und verspielter – und außerdem unterstützt das Hüpfen auch mein Lymphsystem und hilft mir, Blockaden zu durchbrechen.

Wann immer ich am Schreibtisch sitze und eine Schreibblockade habe oder mich von den Hunderten von ungelesenen Mails im Eingangsordner überfordert fühle, springe ich auf meinem Trampolin. Innerhalb einer Minute beginnt mein Körper, Stress abzuschütteln. Ich empfehle 10 Minuten für maximale Vitalität und Frieden. Es gibt ein paar Trampoline, die mir ganz gut gefallen. Nähere Angaben dazu findest du auf meiner Webseite Gabbyb.tv/Miracles-Now.

Wenn du dir kein Trampolin kaufen willst oder keinen Platz dafür hast, dann mach Seilspringen oder tanze in deinem Zimmer herum. Gabrielle Roth, die Begründerin des 5Rhythms-Tanzes, sagte: »Tanz ist der schnellste, direkteste Weg zur Wahrheit.« Manchmal, wenn ich wirklich Dinge abschütteln muss, lege ich einen schwungvollen Song auf und tanze.

Der menschliche Körper muss sich bewegen. Aus Forschungen geht hervor, dass Springen (idealerweise auf dem Trampolin) eine der effektivsten sportlichen Betätigungen ist aufgrund des Nutzens, den es für das Lymphsystem hat. Stell dir das Lymphsystem als die Waschmaschine des Körpers vor. Es transportiert Nährstoffe zu den Zellen und sorgt für den Abtransport von Abfallprodukten. Damit das Lymphsystem richtig funktionieren kann, ist Bewegung unbedingt erforderlich. Ohne angemessene Bewegung wird es blockiert. Die Zellen weichen in einer Art nährstofflosem Abfallprodukteschlamm ein. Diese Stagnation im Körper kann zu Krebs, Arthritis, degenerativen Erkrankungen und beschleunigter Alterung führen.

Die Lymphflüssigkeit wird in eine Richtung transportiert, und zwar auf den Hauptlymphbahnen an den Beinen, den Armen und am Rumpf Richtung Herz. Aus diesem Grund ist die vertikale Auf- und Ab-Bewegung auf dem Trampolin so hilfreich für einen stetigen Lymphfluss. Und wenn du normalerweise enge Sportkleidung beim Fitness-training trägst, solltest du dieses Mal darauf verzichten – du solltest nicht mal einen BH tragen. Beim Trampolinspringen habe ich keinen BH an. Die freie Bewegung der Brüste unterstützt den Transport der Lymphflüssigkeit durch das Brust-gewebe. Ich weiß, das hört sich vielleicht verrückt an, aber es ist wichtig für unsere Gesundheit.

Hüpf, spring, tanz – tue, was immer notwendig ist, um die Spannung in deinem Körper loszuwerden. Einfache vertikale Bewegungen können dir helfen, die Blockaden in deinem Geist und Körper aufzulösen. Dazu ist keine bestimmte Dauer oder spezielle Kleidung erforderlich: Alles, was du brauchst, ist die Bereitschaft, dich durch die Blockaden hindurchzubewegen.

Wunder-Botschaft #36:
Wenn ich meinen Körper bewege, löse ich alles auf,
was meine Gesundheit und Vitalität blockiert.
#DuBistDeinGuru

#37: TEILE DEIN LICHT MIT DER WELT.

Wahrscheinlich hebst du nicht regelmäßig hervor, wie toll du bist – falls du das überhaupt je tust. Den meisten von uns, vor allem Frauen, wurde beigebracht, alles, was mehr ist als »dezentes« Selbstvertrauen, als Angeberei zu betrachten. Oft ist es so, dass wir umso mehr negative Reaktionen erhalten, je heller wir strahlen: Vielleicht wurdest du wegen deiner bedeutenden Beförderung zur Zielscheibe des Büroklatsches oder du hast dich zum Pilates-Genie gemausert und bist damit eher auf zweischneidige Komplimente als auf Glückwünsche gestoßen. Derartige Erfahrungen lassen uns unsere Talente und unseren inneren Funken aus den Augen verlieren, was wiederum die Welt unserer Größe beraubt.

Aber wenn du deine Großartigkeit herunterspielst, nur aus Angst davor, dass es andere Leute abtörnen könnte, dann vergisst du, wie hell du strahlen kannst. Verwandele deinen inneren Funken in ein loderndes Feuer der Großartigkeit, indem du die folgenden vier Tipps beherzigst. Flechte sie in deinen Tag ein – jeder einzelne Tipp erfordert nur wenig Zeit, aber die Resultate werden berauschend sein.

Tipp 1: Schau nach innen. Unsere Kultur schätzt äußere Kennzeichen von Erfolg: die eindrucksvolle Jobbezeichnung, die dekadent teure Hochzeit, tolle Designerklamotten (in der »richtigen« Größe). Aber die Konzentration darauf, was außerhalb von dir ist, blockiert dein inneres Licht völlig und kann geradewegs zu einem niedrigen Selbstwertgefühl führen. Erinnere dich daran, dass das, was schön an dir ist, nichts mit irgendwelchen Äußerlichkeiten zu tun hat. Wenn du das Gefühl hast, dich in zu vielen Äußerlichkeiten und materiellen Dingen zu verlieren, dann meditiere einfach. Setz dich für eine bis drei Minuten still hin und konzentriere dich auf deinen Atem. Du wirst dich geerdeter fühlen, mehr mit dir selbst verbunden und bereit zu leuchten.

Tipp 2: Sei einfach authentisch! Dir deine Eigenarten offen einzugestehen – wie etwa die Tatsache, dass du jede Episode von *Friends* wiedergeben kannst oder einen schrägen Sinn für Humor hast – kann dir anfangs schwerfallen. Seien wir ehrlich: Es erfordert Mut, nicht der Norm zu entsprechen, auch wenn wir schon seit vielen Jahren nicht mehr in der Schule sind. Aber es gibt nichts Cooleres oder Tolleres als deine authentische Wahrheit, von der total ernsten bis hin zur albernsten. Wenn du das nächste Mal die Möglichkeit hast zu sagen, was in dir vorgeht, zeig deine verletzliche Seite oder bitte gar um das, was du gern möchtest. Je mehr du deine wahre Persönlichkeit annimmst, umso leichter wird es werden. Und wenn du deine Wahrheit erstrahlen lässt, wirst du dich mit anderen stärker verbunden fühlen – sie legen die Maske ab und werden ebenfalls authentisch!

Tipp 3: Nimm dir Zeit für die Dinge, die du magst. Ein besonders einfacher Weg, um Zugang zu deinem inneren Funken zu finden, ist, dich darauf zu konzentrieren, was dich beflügelt. Vielleicht fotografierst du unheimlich gern, aber deine Kamera setzt schon seit Monaten Staub an. Vielleicht kochst du liebend gern, aber in letzter Zeit warst du derart von anderen Dingen in Anspruch genommen, dass dein Mülleimer sich mit Essensverpackungen vom Liefer-service gefüllt hat. Nimm dir fest vor, dir jede Woche Zeit freizuhalten (oder sogar jeden Tag) für Dinge, die du gerne machst.

Und wenn du nicht genau weißt, was dich beflügelt, achte einfach auf die Dinge, die dir mühelos von der Hand gehen, einfach weil du sie gern tust. Es können so einfache Tätigkeiten sein wie Tagebuchschreiben oder das Auspro-bieren einer neuen Frisur bei einer Freundin, die glücklich darüber ist, dich experimentieren zu lassen. Du bist in so vielen Dingen gut – du musst lediglich lernen, diese Fähig-keiten zu sehen.

Tipp 4: Glänze bei den Sachen, die dir Spaß machen. Teile deine Begabungen und Lieblingsfunde mit anderen. Stricke einen Schal für deinen Lieblingsnachbarn. Poste deine fach-männisch zusammengestellten Playlists auf Face-book. Maile Freunden die Kurzgeschichte, die du geschrieben hast. Diese kleinen Aktionen sind weder arrogant noch aufdringlich. Du teilst lediglich das, was dich glücklich macht – und lädst an-dere wiederum dazu ein, das Gleiche zu tun. Wenn deine Verwandten, Freunde oder Kollegen dich loben, nimm das mit einem einfachen aufrichtigen »Dankeschön« an. Und scheue dich auch nicht davor zurück, aufrichtig und großzü-gig Komplimente zu verteilen.

Wunder-Botschaft #37:
Wenn ich hell glänze,
gebe ich anderen damit die Erlaubnis,
mit mir zu strahlen.
#DuBistDeinGuru

#38: BETRACHTE DEN QUÄLMEISTER ALS EINEN LEHRMEISTER.

Wahrscheinlich gibt es Leute in deinem Leben, die dich wirklich in Rage bringen – diejenigen, die dich jedes Mal, wenn du ihnen begegnest, nervös machen. Das kann der Jugend-freund oder die Jugendfreundin sein, die genau wissen, wie man deine Unsicherheiten zum Vorschein bringt, oder dein Vater oder deine Mutter, die dich schon nach fünf Minuten, in denen man gerade mal »Hallo« gesagt hat, um den Ver-stand bringen können. Egal wie schwierig diese Leute auch zu sein scheinen, sie sind deine größten Lehrer. Auch wenn diese Vorstellung dich vielleicht erst mal verwirrt, zieh die Möglichkeit in Erwägung, dass du hier etwas zu lernen hast. Und wie wir es in diesem Buch immer wieder untersuchen, wann immer du auf ein Hindernis stößt, gibt es Möglichkeiten zu lernen und zu wachsen. Wie kannst du also damit anfangen, deine Quälmeister als Lehrmeister zu sehen?

Die Übung ist einfach: Wann immer dein »Quälmeister« dir unter die Haut geht, nimm dir einen Moment Zeit, um tief zu atmen, statt dich als Reaktion auf das, was die Person gesagt hat, sofort zu verteidigen und wütend zurück zu feuern. Nach drei langen, tiefen Atemzügen fragst du dich: *Was kann ich daraus lernen?* Öffne dein Bewusstsein für Führung im Hinblick darauf, was du aus dieser Situation lernen kannst. Die Gefühle, die andere in dir auslösen, müssen an die Oberfläche gebracht werden. Statt sie nach unten zu drücken und der anderen Person die Schuld daran zu geben, dich in den Wahnsinn zu treiben, achte darauf, was hochkommt. Wenn etwas aktiviert wird, dann muss etwas geheilt werden.

Sobald du dich gefragt hast, was du aus der Situation lernen kannst, setzt du dich für eine Minute hin und bist ganz still. Gestatte es deinem Unterbewusstsein, dich dafür zu öffnen, Informationen zu empfangen. Es ist sehr gut möglich, dass deine Intuition laut sprechen wird und dir Führung anbietet. Vielleicht hörst du ein Wort wie etwa »Loslassen«, »Liebe« oder »Vergebung«. Würdige die intuitiven Treffer, die du empfängst.

Wenn du in dieser Minute der Stille keine Führung erhältst, dann achte gut darauf, was im Laufe des Tages subtil an die Oberfläche tritt. Vielleicht hörst du einen Song, der dich dazu bringt, aufgestaute Wut loszulassen, oder dir fällt ein Tweet auf, der dir genau die Botschaft vermittelt, die du hören musst. Führung zeigt sich in vielerlei Formen und ist uns allen zugänglich. Wir müssen nur darum bitten und nach den Zeichen Ausschau halten.

Wenn du es mit einer wirklich schwierigen Person zu tun hast, besteht manchmal die erste Lektion darin, dich einfach in Toleranz und Geduld zu üben. Es kann eine Zeit dauern, um sich der Liebe und Vergebung anzunähern, aber diesen ersten Schritt zu machen, nämlich zu lernen, andere zu tolerieren und geduldig mit ihnen zu sein, kann dir helfen, dich von Groll und Wut zu befreien und Quälerei in Mentorschaft zu verwandeln.

Wunder-Botschaft #38:
Ich kann den Quälmeister als
den Lehrmeister sehen.
#DuBistDeinGuru

#39: LASS DICH EINFACH BLICKEN.

Bekenntnis: Ich praktiziere nicht immer das, was ich predige. An vielen Tagen blase ich mein Training ab oder verkürze meine Meditation. Mein Ego widersetzt sich spirituellen Übungen und solchen zur Persönlichkeitsentwicklung genauso wie die Egos anderer Leute das auch tun. Ich kann ziemlich leicht in die Ego-Falle der Faulheit und der Vermeidung tappen, aber das hat nie zur Folge, dass ich mich wohlfühle.

Wir alle erleben Phasen der Apathie in unseren Praktiken zur Persönlichkeitsentwicklung. Ob wir zum Doughnut-Laden gehen statt zum Fitnessstudio oder monatelang unserem Therapeuten ausweichen, es gibt immer irgendeine Form von Widerstand, die uns beeinträchtigt. Eine tolle Ausrede ist es, keine Zeit zu haben. Oft sagen mir Leute: »Ich habe keine Zeit zu meditieren.« Oder: »Ich habe keine Zeit zu beten.« Meine Antwort darauf: »Hast du Zeit, dich wie Scheiße zu fühlen?« Die Wahrheit ist, wenn du deiner Persönlichkeitsentwicklung Zeit widmest, wirst du letzten Endes Zeit gewinnen – weil du nicht mehr eine Menge davon damit verschwendest, dich in beschissenen Gefühlen zu suhlen. Wenn du bereit bist, von dieser Scheiße freizukommen, ist dieses Prinzip dein Leitbild.

Was mir bei meiner gelegentlichen Apathie sehr geholfen hat, war ein Hinweis von einem meiner Kundalini-Yoga-Lehrer. Er erzählte mir, dass die Kundalini-Meister behaupten, die Praxis würde zu 90 Prozent darin bestehen, sich im Kurs blicken zu lassen oder auf der Matte zu sitzen. Dieses Sich-blicken-Lassen ist eine massive Erklärung an das Universum, dass du bereit, willens und imstande bist, Führung zu erhalten. Einfach aufzukreuzen hilft dir dabei, dir eine neue Gewohnheit anzueignen und aus einer Sackgasse herauszukommen.

Wenn du also vorhast, dich vor dem Fitnesstraining zu drücken, flipp nicht deswegen aus, was du tun oder wie du dich fühlen wirst, sobald du dort bist – sondern schnüre einfach deine Sneakers und lass dich dort blicken! Oder wenn du deine Meditationspraxis vernachlässigst, leg dich aufs Ohr und bring dein Om ins Rollen. Wann immer du dich dabei erwischst, wie du ziellos durch deinen Twitter-Feed scrollst, dir Wiederholungen im Fernsehen anschaust oder von einem Laden in den nächsten spazierst auf der Suche nach Ablenkung, reiß dich aus deiner Betäubung heraus und ergreife die Chance, aus dem Trott herauszukommen.

Aus welchen Gründen du auch apathisch bist, mach es dir zum Prinzip, es einfach zu tun. Hör auf, darauf zu warten, dass etwas Großartiges passiert ... lass dich zur Abwechslung einfach blicken.

Wunder-Botschaft #39:
Das Einüben von neuen Gewohnheiten
besteht zu neunzig Prozent darin,
sich einfach blicken zu lassen.
#DuBistDeinGuru

#40: MEDITATION ZUR ÜBERWINDUNG VON SUCHT

In der einen oder anderen Form leiden wir alle an Süchten. Einige Leute wählen Drogen oder Alkohol, während andere von Essen, Sex, Arbeit oder dem Internet abhängig sind – die Liste ist lang. Wir wenden uns diesen Substanzen oder Aktivitäten zu in dem Bemühen, unser Unbehagen nicht mehr zu spüren. Selbst wenn wir nicht von herkömmlichen Lastern wie Zigaretten oder Alkohol abhängig sind, können wir unbewusst von neurotischen Mustern wie Angst, Ablehnung, Opferbewusstsein und so weiter abhängig sein.

Wenn wir abhängig sind, befindet sich die Zirbeldrüse (auch das Dritte Auge genannt) im Ungleichgewicht. Die Zirbeldrüse ist eine kleine Hormondrüse im Wirbeltiergehirn. Bei einem Ungleichgewicht der Zirbeldrüse werden aus schlechten Angewohnheiten gravierende Abhängigkeiten. Dieses Ungleichgewicht in der Zirbeldrüse wirkt sich auf die Hirnanhangdrüse aus, die das restliche Drüsensystem reguliert. Wenn die Hirnanhangdrüse beeinträchtigt ist, gerät unser Geist aus dem Gleichgewicht.

Diese Meditation kann für jeden heilsam sein, aber sie ist besonders hilfreich für Menschen mit starkem Suchtverhalten und für diejenigen, die irgendeine Form von Entzug machen. Wende diese Meditation bei jeder Art von Sucht an, von Alkoholismus bis zur Abhängigkeit von angstbasierten Gedanken.

Richte dich nach der folgenden Anleitung, die Abbildung dient zur Veranschaulichung. Diese Meditation ist nach Yogi Bhajans Lehre adaptiert.

Haltung: Nimm die einfache Haltung ein (Schneidersitz auf dem Boden). Richte die Wirbelsäule auf.
Augen: Halte die Augen geschlossen und konzentriere dich auf den Punkt zwischen den Augenbrauen.
Mantra: Saa Taa Naa Maa
Mudra: Balle beide Hände zu Fäusten. Drücke die ausgestreckten Daumen an die Schläfen und ertaste die Delle, in die die Daumen genau hineinpassen. Beiße auf die Backenzähne und halte die Lippen geschlossen. Beiße abwechselnd die Backenzähne fest zusammen und lockere dann den Druck. Ein Muskel wird sich im Rhythmus unter den Daumen bewegen. Spüre, wie er die Daumen massiert, und übe festen Druck mit den Händen aus. Lass still die fünf Urlaute, die Panj Shabd – *Saa Taa Maa Naa* – an der Braue vibrieren (wie in der Abbildung zu sehen).

Dauer: Fahre auf diese Weise 5 bis 7 Minuten lang fort. Bei weiterer Übung kann die Zeit bis auf 20 Minuten und schließlich bis auf 31 Minuten ausgedehnt werden.

Diese Meditation kann die Überwindung jeglicher Sucht unterstützen. Praktiziere sie 40 Tage oder noch länger – sie zu wiederholen wird dir helfen, deine Suchtmuster aufzulösen und dich davon zu befreien.

Wunder-Botschaft #40:
Ich bin nicht identisch mit meinen Suchtmustern.
Ich bin glücklich. Ich bin frei.
#DuBistDeinGuru

#41: BEWÄLTIGE DEINE ANGST INFOLGE EINES SCHRECKLICHEN EREIGNISSES.

Wenn sich entsetzliche Dinge in der Welt zutragen, bekommst du vielleicht große Angst, selbst wenn du Tausende von Kilometern entfernt lebst. Wie gehen wir in solchen Situationen mit unseren Ängsten um? Es ist einfach, sich in einer Bar zu verstecken, sich mithilfe des Internets zu betäuben oder die Nachrichten auszuschalten und so zu tun, als wäre nichts geschehen. Aber wenn du deiner Angst ausweichst, wird sie dein Unterbewusstsein heimsuchen. Tragödien haben emotionale Auswirkungen, die so lange dableiben, bis sie geheilt sind.

Es gibt zwar keinen richtigen oder falschen Weg, wie wir mit unseren Gefühlen umgehen, aber dennoch gibt es hilfreiche Werkzeuge. Bewege dich durch diese drei Schritte, um deine Angst und deinen Schmerz anzunehmen, zu bewältigen und zu überwinden.

Schritt 1: Sei aufrichtig im Hinblick auf deine Angst: Es ist gesund, sich seine Angst einzugestehen. Wenn du deine Angst aufrichtig anerkennst, lässt du die Spannung los, die dadurch entsteht, dass du an ihr festhältst. Rede über deine Angst mit einem nahestehenden Menschen, schreibe darüber in ein Tagebuch oder teile deine Erfahrung mit einem Therapeuten oder in einer Selbsthilfegruppe. Es ist ein wichtiger Schritt, deine Angst offen zuzugeben, denn dann erst kannst du dich durch sie hindurchbewegen.

Schritt 2: Atme durch deine Gefühle. Der nächste Schritt besteht darin, herauszufinden, wo du die Angst in deinem Körper festhältst. Vielleicht hältst du sie in deinem Hals, in den Schultern, deiner Brust oder in deinem Magen fest. Setz dich für einen Moment hin und spüre in der Stille, wo dein Körper die Angst festhält. Welcher Teil von dir fühlt sich verkrampft, verspannt, knotig an? Atme tief in diese Stelle. Atme immer wieder in die Spannung und lass sie beim Ausatmen los. Wiederhole dieses Atemmuster so lange, bis sich die Spannung gelöst hat. Dein Atem ist dein effektivstes Werkzeug, um Angst im Körper aufzulösen.

Schritt 3: Sei gütiger. Der letzte Schritt wird dir mehr helfen, als du dir vorstellen kannst. Deine Güte ist die größte Macht, die du besitzt, um die Welt zu heilen. Je mehr Menschen sich in Güte und Mitgefühl üben, umso weniger kommt es zu Zerstörung, Terror und Angriffen. Bekunde von jetzt mehr Güte gegen jeden Menschen in deinem Leben, auch Fremden.

Wenn du dich machtlos fühlst, finde jetzt deine Macht. Erkenne deine Gefühle an, atme durch die Spannung hindurch und bekunde deine größte Tugend: Güte. Deine wahre Macht liegt in deiner Fähigkeit zu lieben.

Wunder-Botschaft #41:
Wenn ich meine Gefühle anerkenne,
finde ich meine Macht
in machtlosen Situationen.
#DuBistDeinGuru

#42: ACHTE DEIN GELD, UND DEIN GELD WIRD DICH ACHTEN.

Eine gute Freundin von mir ist Unternehmerin, und sie beklagt sich oft darüber, sich finanziell blockiert zu fühlen. Eines Tages, als sie wieder einmal wegen ihrer Rechnungen jammerte, zog sie ihr Portemonnaie heraus, um etwas zu bezahlen. Es verschlug mir den Atem, als ich einen Blick darauf warf. Es war eine ramponierte Brieftasche, vollgestopft mit Kreditkarten, Münzen, zerknitterten Quittungen, Lipgloss und Gott weiß was sonst noch alles. Meine unmittelbare Reaktion war: »Wenn du deine Finanzen in Ordnung bringen willst, musst du erst mal deine Brieftasche in Ordnung bringen!«

Einen Tag später schickte sie mir per SMS ein Foto von ihrer neuen glänzenden roten Geldbörse. Jeder Bereich war perfekt geordnet, und sie konnte ihre Scheine schnell finden. Innerhalb von zwei Wochen lief ihr Geschäft wieder besser, und Verträge, die monatelang in der Schwebe gewesen waren, wurden nun geschlossen. Ich glaube, das lag an ihrem neuen Portemonnaie. Sobald sie ihr privates Geld im Griff hatte, beseitigte sie unbewusste Blockaden und war imstande, sich in jeder finanziellen oder geschäftlichen Situation frei und mühelos zu bewegen.

Fühlst du dich finanziell blockiert? Passiert es allzu häufig, dass ein Vertrag nicht zustande kommt, der Job nicht gut läuft oder du nicht genug Geld zur Verfügung hast? Eine finanzielle Blockade rührt oft von einer energetischen Blockade her. Erinnere dich daran, Energie ist überall, auch in deiner Brieftasche. Schaffe um deiner Finanzen und unserer Wirtschaft willen Ordnung in deinem Portemonnaie, um deine energetische Verbindung zum Empfangen freizumachen.

Wenn dein Portemonnaie zerfleddert oder überfüllt ist, dann kauf dir ein neues, das einwandfrei und schön ist und in das alles hineinpasst, was du dabeihaben musst. Self-Love-Bloggerin Gala Darling sagt: »Dein Portemonnaie spiegelt wider, wie du über Geld denkst. Ist dein Portemonnaie eingerissen, zerfleddert oder beschädigt? Benutzt du ein und dasselbe Portemonnaie seit zwanzig Jahren? Mach einen neuen Anfang.« Ein Portemonnaie ist nicht einfach nur ein Accessoire. Du bewahrst dort dein Geld auf: Du solltest es wirklich lieben! Sei nicht zaghaft, in eins zu investieren, mit dem du dich wohlfühlst.

Wenn du dir ein neues Portemonnaie aussuchst, achte auf die Farbe. Der Feng Shui-Tradition zufolge heißen bestimmte Farben Fülle und Reichtum willkommen, wie etwa Gold, Rot und Grün. Und nur keine Hemmungen: Ent-scheide dich ruhig für den funkelnden Goldton oder das auffällige Knallrot. Geh aufs Ganze oder geh nach Hause – aber dann mit diesem Teil!

Die Feng Shui-Expertin Kate MacKinnon sagt: »Wie alles im Feng Shui ist das Wichtigste, um Platz zu schaffen, aufzuräumen und Müll zu beseitigen. Sorge also dafür, dass deine Brieftasche oder dein Portemonnaie entrümpelt (keine Papiere oder Quittungen) und aufgeräumt ist.«

Deine neue, tadellose Geldbörse wird dich nicht nur energetisch unterstützen, sondern auch dem Universum gegenüber eine Aussage machen, dass du bereit bist zu empfangen. Achte dein Geld, und dein Geld wird dich achten.

Wunder-Botschaft #42:
Achte dein Geld, und dein Geld wird dich achten.
#DuBistDeinGuru

#43: ICH ENTSCHEIDE MICH STATTDESSEN FÜR FRIEDEN.

Es gibt eine Botschaft in *Ein Kurs in Wundern*, die auf meiner Reise der spirituellen Entwicklung bei mir immer tiefen Widerhall findet: »Der Geist allein entscheidet, was er empfangen und was er geben möchte.« Dieser Punkt erinnert mich daran, dass ich in jeder Situation die Wahl habe, Liebe zu empfinden oder Angst zu empfinden. Durch die tägliche Praxis, sich für Liebe zu entscheiden statt für Angst, wird Liebe schließlich zu einer unwillkürlichen Reaktion. Natürlich schleicht sich mein ängstliches Ego oft an mich heran, aber dank Beharrlichkeit spricht die liebende Stimme jetzt lauter.

Ein Leben voller Wunder zu führen erfordert Bereitschaft. In jedem Augenblick liegt eine göttliche, spirituelle Lernaufgabe vor uns: Entscheiden wir uns für Liebe oder entscheiden wir uns für Angst. Integriere also diese Idee in deinen Tag. In den Augenblicken, in denen du mitbekommst, dass du dich für Angst, Angriff, Verurteilung und Trennung entscheidest, sagst du dir einfach: »Ich entscheide mich dafür, stattdessen Frieden zu sehen.« Mach das zu deinem Mantra.

Wenn du dich in irgendeiner Form für Liebe entscheidest, verbindest du dich unbewusst mit deinem höheren Selbst und bittest um Liebe, um die Situation neu zu interpretieren. Und ja, diese Affirmation ist leicht anzuwenden, wenn das Problem nicht so schwer zu bewältigen ist. Aber wenn du mit einer schweren Aufgabe geschlagen bist, benutze dieses Prinzip mit noch mehr Überzeugung. Vertraue auf seine Macht und du wirst Resultate erleben, die du dir nicht hättest vorstellen können. Im *Kurs in Wundern* heißt es: »Wunder entstehen aus Überzeugung.«

Setz dieses Prinzip in allen Situationen um und verstärke deine Bereitschaft zu Wundern. Du wirst sofort spüren, dass Frieden einkehrt.

Wunder-Botschaft #43:
Wenn du zweifelst, sag dir:
Ich entscheide mich stattdessen
bewusst für Frieden.
#DuBistDeinGuru

#44: STARTE GUT IN DEN NEUEN TAG MIT DEM RICHTIGEN FUSS.

Deine morgendliche Routine bestimmt deinen ganzen Tagesverlauf. Wenn du jemand bist, der über das Limit hinaus schlummert und dann die E-Mails checkt, sobald er aufgestanden ist, danach die Nachrichten einschaltet und dabei eine Tasse Kaffee trinkt, dann wirst du wahrscheinlich den Tag mit Stress beginnen. Ich will dir ja nicht zu nahe treten, aber seien wir doch mal realistisch. Wenn du deinen Tag mit Stressoren und Stimulanzien startest, bereitest du dich auf eine chaotische und anstrengende Erfahrung vor.

Wenn du ein Leben im Flow leben willst, gehört es unbedingt dazu, dass du morgens mit dem richtigen Fuß aufstehst – im wahrsten Sinne des Wortes. Eine uralte Kundalini-Technik empfiehlt, mit seinem dominanten Fuß aufzustehen. Woher sollst du nun wissen, welcher Fuß dominant ist? Einfach indem du jeweils durch ein Nasenloch ausatmest und siehst, welches verstopft ist und welches frei. Die Seite, mit der dir das am besten gelingt, ist die Seite, mit der du aufstehst. Wenn du durch das rechte Nasenloch frei und mühelos ausatmest, stehst du mit dem rechten Fuß auf. Ich weiß, das hört sich vielleicht albern an, aber es macht einen spürbaren Unterschied, wie du deinen Tag anfängst.

Sobald du aufgestanden bist, kümmerst du dich NICHT um deine E-Mails, SMS oder Nachrichten-Feeds. Stattdessen beginnst du mit einer positiven Affirmation. Wenn dir eine nte Affirmation gefällt, sag sie laut auf oder klebe sie an deinen Spiegel. Wenn du auf diesem Gebiet Führung brauchst, probiere mal meine »Spirit Junkie Alarm«-App aus (auf Gabbyb.tv/Spirit-Junkie-App). Statt von den schrillen Tönen deines Weckers aufzuschrecken, startest du deinen Tag mit schönen Klängen und einer positiven Affirmation, die auf deinem Display angezeigt wird. Ein positiver Gedanke als Erstes am Morgen kann dich durch den ganzen Tag bringen. Dein Nervensystem reagiert sehr empfindlich auf deine Gedanken. Daher ist es wichtig, dafür zu sorgen, dass deine morgendlichen Gedanken liebevoll und stärkend sind, weil sie den Grundstein legen für den Rest des Tages.

Und bevor du schließlich aus dem Haus gehst, fasse eine positive Absicht für den Tag. Hege die Absicht, gütig gegenüber dir selbst und anderen zu sein. Hege die Absicht, deine Mitarbeiter aufzubauen, kreativer oder nachsichtiger zu sein. Wenn du dir bei Tagesbeginn positive Absichten setzt, wirst du total süchtig danach werden.

Benutze diese Methoden jeden Morgen und erwarte Wunder.

Wunder-Botschaft #44:
Ich beginne meinen Tag
mit Dankbarkeit und Liebe.
#DuBistDeinGuru

#45: LASS FRIEDEN DEINE REAKTION SEIN.

Manchmal zeigen sich die größten Lektionen und Hilfsmittel in Situationen, von denen man das am wenigsten erwarten würde. Beispielsweise poste ich oft »Selfies« (Selbstporträts) auf Instagram, Twitter und Facebook. Als eifriger Social-Media-Junkie liebe ich es, mein Leben mit anderen zu teilen und mit Lesern in Beziehung zu treten. Jedoch folgen auf diese Beiträge oft viele negative Kommentare. Als ich einmal einen alten Instagram-Beitrag aufrief, sah ich, dass es jede Menge Kommentare über ein bestimmtes Foto von mir gab. Ich nahm diese sofort unter die Lupe und stellte fest, dass ein ganzer Haufen Leute aggressiv auf das Foto reagierte, indem sie mich schlechtmachten, weil ich Selbstporträts teilte, und mich wegen meiner vegetarischen Ernährung verurteilten.

Als ich durch die Kommentare scrollte, sah ich, dass ein treuer *Spirit Junkie*-Anhänger darauf mit einem Zitat des Journalisten und Kritikers Dream Hampton geantwortet hatte: »Begegne Klatsch mit Schweigen.« Mir gefiel die Botschaft, und mir wurde weich ums Herz. Dieses Zitat erinnerte mich an eine der großartigsten Lektion aus *Ein Kurs in Wundern*: »In meiner Wehrlosigkeit liegt meine Sicherheit.« Der *Kurs* lässt uns daran denken, dass, wenn wir uns gegen die Angriffe anderer verteidigen, wir in ihren Angriff investieren.

Sich gegen einen Angriff zu wehren erzeugt mehr Stress, Drama und Angst. Ich sage damit nicht, dass du nicht für dich selbst eintreten sollst, wenn es erforderlich ist, aber ich rate dir, zu versuchen, die Ruhe zu wahren angesichts dieser Art von Angriff. Das ist anfangs vielleicht schwer, weil die unwillkürliche Reaktion unseres Ego darin besteht, sich zu wehren und uns zu schützen. Aber denk mal einen Augenblick darüber nach, wie du dich fühlst, wenn du dich gegen einen Angriff verteidigst. Wahrscheinlich bist du dann angespannt, wütend und aus dem Gleichgewicht. Wenn Frieden deine Absicht ist, lass Frieden deine Reaktion sein.

Wenn du dich das nächste Mal auf irgendeine Weise angegriffen fühlst, benutze dieses Ein-Minuten-Wunder, um deine Sichtweise zu ändern und Frieden statt Angst zu wählen. Im Nu kannst du alle Angriffsgedanken mit Liebe auflösen.

Wunder-Botschaft #45:
Begegne Klatsch mit Schweigen. – Dream Hampton
#DuBistDeinGuru

#46: MISS DEINEN ERFOLG DARAN, WIE VIEL SPASS DU HAST.

Jedes Jahr zu Silvester pflege ich das Ritual, meine Absichten für das kommende Jahr aufzuschreiben. In den vergangenen zwei Jahren habe ich die Absicht gefasst, meinen Erfolg daran zu bemessen, wie viel Spaß ich habe. Ich bin darauf gekommen, nachdem ich auf entgegengesetzte Weise gelebt und einen Tiefpunkt erreicht hatte. Eine Zeit lang maß ich meinen Erfolg an meinem Stresslevel, aber dann ergab ich mich der Tatsache, dass echter Erfolg auf Glück und Zufriedenheit basieren muss.

Es ist leicht, unseren Erfolg nach einem Geldbetrag zu bewerten, nach einem Beziehungsstatus oder einer beruflichen Qualifikation. Ich habe jedoch gelernt, dass uns nichts wirklich glücklich machen kann, was außerhalb von uns existiert. Glücklichsein ist ein innerer Job. Wir können uns zwar an den Erfolgen im Leben erfreuen, aber wir müssen uns auf den größten Erfolg von allem konzentrieren: ein freudvolles, erfüllendes Leben zu leben.

Es ist unsere Aufgabe, Freude in allem zu finden. Einige der glücklichsten Menschen, die ich kenne, besitzen die angeborene Fähigkeit, Freude in den freudlosesten Situationen zu finden. Gurmukh, meine Kundalini-Lehrerin, die ich schon früher erwähnte, ist ein fantastisches Beispiel dafür. Mit ihren siebzig Jahren strahlt sie die Unschuld eines kleinen Mädchens aus und findet in allem und jedem Spaß. Ihr Leben ist voller Freude – ungeachtet der jeweiligen Umstände.

Was ich von Gurmukh gelernt habe: Ihr Glückszustand ist eine bewusste Entscheidung. Obwohl sie eine hingebungsvolle Yogini ist, muss sie sich dennoch jeden Tag bewusst zum Frieden verpflichten. Das Gefühl der Freude aufrechtzuerhalten ist eine Verpflichtung, die alle Augenblicke eingegangen werden muss. Die Energie der Welt um uns herum kann uns übel mitspielen. Unsere Aufgabe ist es, voller Freude im Flow zu bleiben.

Um dieses Prinzip in dein Leben umzusetzen, gehst du als Erstes eine Verpflichtung ein. Bring diese Affirmation auf deinem Schreibtisch an, am Spiegel, am Autoarmaturenbrett, überall dort, wo du sie oft sehen kannst: *Ich messe meinen Erfolg daran, wie viel Spaß ich habe.* Starte für die nächsten 40 Tage den Tag mit dieser Affirmation. Geh die bewusste Verpflichtung ein, dich beim Aufwachen für Freude zu entscheiden. Suche den ganzen Tag lang in allen Situationen bewusst nach Freude. Koste dein Essen, nimm das Lächeln eines Fremden als Wohltat wahr, sei neugieriger auf deine Umgebung. Die Etablierung dieser neuen Gewohnheit wird dir körperlich, emotional und geistig sehr guttun.

Du kannst sofort damit loslegen, indem du an jeder Übung von *Du bist dein Guru* Spaß und Vergnügen findest. Oft sehen Leute die Arbeit am persönlichen Wachstum als lästige Pflicht an. Statt es dir schwer zu machen, mach es dir freudvoll. Wenn wir Lebensveränderungen herbeiführen wollen, brauchen wir mehr als nur Willenskraft – wir müssen auch Freude an unserer Transformation finden. Setz dieses Prinzip unaufhörlich um und du wirst ein freudvolles Leben haben.

Wunder-Botschaft #46:
Ich messe meinen Erfolg daran, wie viel Spaß ich habe.
#DuBistDeinGuru

#47: DEINE PRÄSENZ IST DEINE KRAFT.

Unsere Fähigkeit, mit Stressoren umzugehen und eine positive Stressreaktion anzunehmen, wird als »Allostase« bezeichnet. Der Körper vermag sein Gleichgewicht von Natur aus wiederherzustellen, aber wenn Stressoren die Führung übernehmen, reißen sie die natürliche Funktion unseres Körpers an sich. Bei chronischem starkem Stress richtet sich unsere Stressreaktion gegen uns selbst. Das nennt man dann »allostatische Last«.

Bei einer allostatischen Last spiegelt wahrscheinlich die Welt um dich herum deine niedrige Energie wider. Wenn Stress am Ruder ist, fühlt sich das Leben blockiert an. Andere Leute können unsere Energie auf unbewusster Ebene spüren. Für frei fließende starke Beziehungen und Erfahrungen benötigen wir also Methoden, um unser Energiefeld zu reinigen.

Wir sind unsere Präsenz, und unsere Präsenz ist unsere Kraft. Die energetische Kraft, die wir in alle Situationen und Beziehungen einbringen, spiegelt direkt wider, was wir zurückerhalten werden. Diese energetische Kraft ist unsere Präsenz. Greif auf deine Kraftpräsenz zu mithilfe der folgenden Meditation, die »Feueratem mit Löwentatzen« genannt wird. Jawohl, Löwentatzen! Diese kleine Übung (oder *Kriya*) wirkt sich unmittelbar auf das Gehirn und dein elektromagnetisches Feld (Kraftpräsenz) aus. Es wird empfohlen, diese Meditation neun Minuten lang durchzuführen, aber selbst wenn du nur eine Minute Zeit erübrigen kannst, wird sich eine energetische Veränderung zeigen.

Im Folgenden findest du eine Anleitung der Meditation, wie sie von Yogi Bhajan gelehrt wurde. Das Foto auf der gegenüberliegenden Seite veranschaulicht dir visuell, wie diese Meditation auszuführen ist. Für die Videodarstellung kannst du auch meine Webseite Gabbyb.tv/Miracles-Now aufsuchen.

Haltung: Nimm die einfache Haltung ein mit leichter Nackenschleuse, das Kinn ist zurückgezogen, und die Zunge liegt am Gaumen (Jalandhara Bandha).

Mudra: Rolle die Finger jeder Hand leicht ein und spanne sie an (Löwentatzen). Halte während der ganzen Übung die Spannung in den Händen. Strecke beide Arme an den Seiten parallel zum Boden aus, die Handflächen zeigen nach oben. Der angewandte Druck in den Händen löst Reflexe in den Fingerspitzen in allen Gehirnbereichen aus. Durch die Armbewegungen wird die Lymphe im Lymphsystem bewegt. Außerdem wird dadurch Druck auf das Nervensystem ausgeübt, seinen gegenwärtigen Zustand zu verändern.

Atem und Bewegung: Führe beide Arme nach oben über den Kopf, sodass die Hände sich über dem Scheitel kreuzen. Die Ellbogen sind gebeugt, und die Handflächen zeigen nach unten. Dann führe die Hände nach unten, während du die Arme wieder parallel zum Boden ausstreckst. Beginne auf diese Weise eine rhythmische Bewegung. Bring abwechselnd ein Handgelenk nach vorne, wenn sich die Hände über dem Kopf kreuzen. Fang während der Armbewegung an, kraftvoll zu atmen. Die Arme bewegen sich flott. Du atmest ein, wenn die Arme ausgestreckt sind, und atmest aus, wenn die Arme sich über dem Kopf kreuzen. Der Atem wird schnell und regelmäßig. Der Atem gepaart mit der Bewegung verstärkt das

Funktionieren der Hypophyse und regt die Zir[...] an, die Strahlung und subtile Projektionsfreque[nz] zu erhöhen.

Dauer: Setz diese Übung neun Minuten lang fort. (Anmerkung: Auch wenn du sie nur eine Minute praktizierst, ziehst du großen Nutzen daraus.)

Abschluss: Ohne das Tempo der Übung zu drosseln, streckst du die Zunge ganz weit heraus. Mach so noch 15 Sekunden weiter.

Dann atmest du ein, ziehst die Zunge wieder in den Mund und führst die Arme in einem Winkel von 60 Grad über den Kopf, sodass sie einen Bogen bilden, die Handflächen zeigen etwa 15 Zentimeter vom Kopf entfernt nach unten. Die Hände sind weiterhin in der Löwentatzen-Mudra. Halte den Atem 15 Sekunden lang an.

Die Arme bleiben in dieser Stellung, während du vollständig aus- und einatmest. Dann halte 30 Sekunden lang den Atem an. Entspann dich und lass die Arme sinken. Meditiere auf das Herzzentrum. Folge dem sanften Fluss des Atems. Sing ein inspirierendes und erbauliches Lied. Setz das 3 bis 5 Minuten lang fort.

Praktiziere diese Meditation, um deine Präsenz und deine innere Kraft auszudehnen. Die Welt braucht deine wahre Stärke, fürchte dich also nicht, sie strahlen zu lassen. Wenn sich bei dir eine allostatische Last bemerkbar machen sollte, benutze diese Meditation, um dein Energiefeld neu auszurichten, sodass du von einem Ort des Friedens aus wirken kannst.

Wunder-Botschaft #47:
Deine Präsenz ist deine Kraft.
#DuBistDeinGuru

#48: LÖSE
INNERE KONFLIKTE.

Egal wie gut die Dinge in deinem Leben laufen, das Ego findet immer Wege, um innere Konflikte zu erzeugen. Tatsächlich habe ich festgestellt, dass mein Ego umso ausgekochter ist, je glücklicher ich mich fühle. In meinem Leben kann alles ganz toll laufen, und dann werde ich in einem Augenblick von irgendeiner schwachsinnigen Ego-Überzeugung heruntergezogen, die mich ins Schleudern bringt.

Ein Kurs in Wundern lehrt uns: »Ich rege mich nie aus dem Grund auf, den ich meine.« Alle inneren Konflikte rühren von angstbasierten Illusionen her, die das Ego so listig in unsere Psyche pflanzt. Diese angsterfüllten Illusionen tauchen immer wieder auf, solange wir uns nicht dafür entscheiden, unseren Geist zu beherrschen.

Yogi Bhajan sagte: »Wenn du deinen Geist kontrollierst, dann kontrollierst du das ganze Universum.« Durch Kundalini-Meditation können wir uns aus der Festung des Egos befreien und unsere Anhaftung an die ängstlichen Überzeugungen des Ego lösen. Spirituelle Verpflichtung kann innere Konflikte beheben.

Die heutige Technik ist eine effektive Kundalini-Meditation namens »Innerer-Konflikt-Löser«. Sie wird dir helfen, dein Ego zu beschwichtigen, und jegliches Gefühl von Trennung wegschmelzen. Diese das Herz öffnende Erfahrung wird dich dabei unterstützen, die Erfahrung von Mitgefühl aufrechtzuerhalten.

Meditation »Innerer-Konflikt-Löser«

Setz dich bequem auf einen Stuhl oder im Schneidersitz
auf den Boden.

Leg deine Handflächen auf den oberen Brustbereich
mit nach oben zeigenden Daumen.

Atme fünf Sekunden lang durch die Nase ein.

Atme fünf Sekunden lang durch die Nase aus.

Halte den Atem 15 Sekunden lang an.

Wiederhole dieses Atemmuster eine Minute lang (oder
solange du möchtest).

Lass deinen Atem dein Herz öffnen.

Die heutige Wunder-Botschaft soll dich daran erinnern, dass
du dich dafür entscheiden kannst, innere Konflikte zu lösen,
indem du deinem spirituellen Weg folgst.

Wunder-Botschaft #48:
Mit meiner spirituellen Praxis kann ich
jeden inneren Konflikt lösen.
#DuBistDeinGuru

#49: SCHÜTZE DICH VOR SCHLECHTER ENERGIE.

Hast du dich schon mal wirklich erschöpft gefühlt, nachdem du eine Zeit lang mit jemandem zusammen warst – fast als hätte er deine Energie geraubt? Wenn du diese Art von Begegnung hattest, bist du wahrscheinlich auf einen Energievampir gestoßen. Diese Leute rauben dir, oft ohne es zu merken, deine positive Energie und lassen einen negativen energetischen Abdruck auf dir zurück.

Das hört sich vielleicht schräg an, aber es ist wichtig zu verstehen. Jeder von uns besteht aus Energie, und während wir uns im kosmischen universalen Energiefeld bewegen, können wir leicht aufnehmen, was andere Leute rauslassen! Ebenso ist es für andere leicht möglich, deine gute Stimmung zu heben. Mit dieser Erkenntnis kannst du lernen, deine Energie zu schützen.

Der erste Schritt besteht darin, dich der Energievampire in deinem Leben bewusst zu werden. Denk daran, sie nicht zu verurteilen oder niederzumachen. Wir alle tun nur, was wir können. Leute, die nichts von Energie wissen, sind nicht bösartig oder heimtückisch; sie strampeln sich nur ab, um über die Runden zu kommen. Statt ihnen also Vorwürfe zu machen, achte einfach auf die Art und Weise, wie sie dich bis aufs Blut aussaugen oder dich mit ihrer negativen Last zurücklassen.

Erstelle zuerst eine Liste der Leute, die deine Energie negativ beeinflussen. Um präzise zu bestimmen, wer ein Energievampir ist, kannst du die folgenden Merkmale überprüfen:

- Fühlst du dich müde oder schwach, nachdem du mit ihnen zusammen warst?
- Hast du leichte oder sogar schwere Depressionen, wenn du nicht mehr in ihrer Nähe bist?
- Sorgen sie dafür, dass du dich erschöpft oder lethargisch fühlst?

Wenn du diese Fragen ehrlich beantwortest, wirst du schnell die Energievampire in deinem Leben erkennen. Jetzt lass uns Grenzen setzen, um dein aurisches Feld zu schützen, also dein dich umgebendes Energiefeld. Ohne jemanden zu verurteilen, fängst du jetzt an, dieses Prinzip zu deinem Schutz anzuwenden.

Sobald du die Energievampire in deinem Leben entlarvt hast, verpflichte dich bewusst dazu, dich zu schützen, ob du nun in ihrer physischen Nähe bist oder nicht. Es ist wichtig zu verstehen, dass ein energetisches Band zwischen Menschen bestehen kann, selbst wenn du meilenweit entfernt von ihnen bist.

Erinnerst du dich an die Lichtbad-Übungen? Genau dieses energetisierende Licht kann dich auch in so einem Fall beschützen. Stell dir eine Hülle aus goldenem Licht vor, der dich umgibt und schützt. Wann immer du an diese Person denkst oder dich in ihre Nähe begibst, sorge dafür, deine Lichthülle zu aktivieren. Auch wenn sich das bescheuert anhören mag, vertrau mir, es funktioniert. Deine Absichten erzeugen deine Erfahrung. Wenn du also beabsichtigst, dich vor Negativität zu schützen, wirst du nicht länger eine Entsprechung für die schlechten Schwingungen sein.

Immer wenn du jemandem begegnest, der einen negativen Energieabdruck auf dir hinterlässt, rezitiere folgendes Gebet: »Ich bitte darum, dass jegliche Energie, die ich aufgenommen habe, entfernt, recycelt und umgewandelt wird. Ich bitte darum, dass jegliche positive Energie, die ich vielleicht verloren habe, jetzt erneuert wird.« So, wie du wirksame Grenzen mit deinen Worten setzen kannst, vermagst du das mit deinen Gebeten sogar auf noch wirksamere Weise.

Mache es dir zur Praxis, dir dessen bewusst zu sein, wie die Energie anderer Leute dich beeinflusst. Und vergiss nicht den Einfluss, den deine Energie auf andere ausübt: Denk auch an die Abdrücke, die du hinterlässt.

Wunder-Botschaft #49:
Indem ich liebevolle Energie verbreite,
ziehe ich mehr Liebe an.
#DuBistDeinGuru

#50: »DIE LIEBE WIRD UNVERZÜGLICH IN JEDEN GEIST EINKEHREN, DER SIE WAHRHAFT WILL.«

Ein Kurs in Wundern lehrt uns, dass Wunder aus Überzeugung heraus entstehen. Unsere Überzeugung und Bereitschaft zu lieben helfen uns, weiterhin von innen nach außen zu leuchten.

Um ein wundervolles Leben zu führen, müssen wir unsere Bereitschaft zu Wundern bewahren. Wenn wir vor Angst ins Schwanken geraten, können wir uns leicht in den Illusionen verlieren, die unser Ego von der Welt hat. Jeder von uns hat bestimmte Schwachstellen in seinem Leben, die seine Ängste auslösen können. Für einige von uns ist es Geld, für andere sind es Liebesaffären oder das Körperbild und so weiter. Wenn wir unsere Wunder-Denkweise aufrechterhalten und mit Leichtigkeit leben wollen, müssen wir uns so oft wie möglich proaktiv für Liebe entscheiden.

Bist du bereit, deine Bereitschaft noch weiter zu vertiefen? Unsere Leitbotschaft für heute stammt aus dem *Kurs*: »Liebe wird unverzüglich in jeden Geist einkehren, der sie wahrhaft will.« Nun, da du mehr Disziplin in deine spirituelle Praxis eingeführt hast, ist es an der Zeit, deine Achtsamkeit zu erhöhen, wenn das Ego dich von Wundern ablenkt. Benutze diese Botschaft, wann immer du im Zweifel bist. Erinnere dich proaktiv daran: »Liebe wird unverzüglich in jeden Geist einkehren, der sie wahrhaft will.« Verwende diese Affirmation jederzeit und dann triffst du sofort die Entscheidung, *Liebe zu wollen* statt Angst. Dein Wunsch ist deine Überzeugung, und daraus entstehen Wunder.

Sei im Laufe eines jeden Tages zu immer mehr Wundern bereit. Zähle alle Wunder zusammen, während du dich der zweiten Hälfte dieses Buches widmest. Jeder neue Tag bringt Gelegenheiten, um zu lernen, zu wachsen und deinen Glauben an die Liebe zu stärken.

Wunder-Botschaft #50:
Liebe wird unverzüglich in jeden Geist einkehren,
der sie wahrhaft will. – *Ein Kurs in Wundern*
#DuBistDeinGuru

#51: LASS LEUTE HERUMZETERN, WENN SIE DAS WOLLEN!

Ich höre mir oft Dr. Christiane Northrups Radiosendung an und schnappe immer unglaubliche Weisheiten und Ratschläge auf. In einer Sendung klagte eine Anruferin, dass ihre Mutter sehr gern darüber herumzeterte, wie unglücklich sie sei. Die Anruferin meinte weiterhin: »Meine Mutter hasst das Leben und glaubt nicht an das Glück.«

Als ich diese Bemerkung hörte, war meine Neugierde geweckt – wie würde Dr. Northrup darauf antworten? Ohne zu zögern, erwiderte sie: »Dann lassen Sie sie doch einfach herumzetern!« Dann fuhr sie fort zu erklären, dass, wenn Leute darauf bestehen, in Angst zu leben, es nicht unsere Aufgabe ist, sie zu verändern. Vielmehr ist es eine wirksame Methode im Umgang mit negativen Leuten, sie einfach negativ sein zu lassen. Dr. Northrup schlug vor, dass, wenn die andere Person sich beklagen will, du sie lässt und sogar so weit gehst, dich an der Negativität zu beteiligen. Du könntest beispielsweise sagen: »Ich weiß, wie schwer das für dich sein muss. Das nervt wirklich!« Und so weiter. Es mag alles andere als intuitiv zu sein – aber ihre Negativität zu bestärken kann dazu beitragen, sie zu einer hilfreicheren Erfahrung zu schubsen. Vielleicht empfinden sie Erleichterung, weil sie nicht länger ihre schlechte Einstellung verteidigen müssen. Oder sie haben vielleicht ein Aha-Erlebnis und bekommen auf einmal die Illusion ihrer Negativität mit. Egal, was dabei herauskommt, diese Methode wird der anderen Person helfen, ihre Negativität wirklich zu erleben.

Aber diese Vorgehensweise wird nicht nur die andere Person unterstützen, sondern auch dir sehr helfen. Wenn wir uns der Negativität anderer Leute widersetzen, werden wir anfangen, alles als negativ zu empfinden. Aber wenn wir zulassen, dass die Negativität kommt und wieder geht, können wir Beobachter sein und kein Schwamm, der die negativen Schwingungen der anderen aufsaugt. Probiere diese Übung beim nächsten Mal aus, wenn du mit jemandem zusammen bist, der herumzetern will, und genieße die erbaulichen Resultate.

Wunder-Botschaft #51:
Es Leuten zu ermöglichen,
ihr Verhalten mitzubekommen, kann ihnen helfen,
es hinter sich zu lassen.
#DuBistDeinGuru

#52: MEDITIERE, UM VON IRRATIONALITÄT LOSZUKOMMEN

Warst du schon mal in einer derart emotionalen Bedrängnis, dass du irrational geworden bist? Ich gebe zu, so etwas passiert mir von Zeit zu Zeit – etwa wenn ich erschöpft bin oder von einem Ergebnis frustriert oder wenn ich meinen täglichen Sadhana (spirituelle Praxis) sausen lasse. Man gerät leicht außer Kontrolle und lässt es dann an einem geliebten Menschen aus (oder einem Fremden).

Ein Problem mit dem irrational werden ist, dass wir tief in uns wissen, dass da unsere innere hysterische Bitch zum Vorschein kommt. Selbst wenn sich dein Ego ausleben will, weiß dein höheres Selbst, dass du doch sonst eigentlich viel cooler bist. Es ist eine totale Lose-Lose-Situation – wahrscheinlich verärgerst du dabei Leute und unbewusst fühlst du dich wie ein bockiges Balg. Statt dich von deinem Ego überwältigen zu lassen, führe diese Meditation oft durch, um deinen Geist zu beruhigen, deine Nerven zu entspannen und dich vor Irrationalität zu schützen.

Diese Kundalini-Meditation wird Rucksack-Meditation #3 genannt. Du kannst sie immer und überall anwenden. Sie ist ebenfalls ein großartiger Stresskiller und wird dir helfen, eine ruhige und gelassene Stimmung zu bewahren.

Rucksack-Meditation #3

Setz dich bequem im Schneidersitz in der einfachen Haltung auf den Boden.

Die Mudra für diese Meditation unterscheidet sich bei Männern und Frauen ein wenig. Bei Frauen: Lege deine linke Hand an dein Ohr, wobei sich Daumen und Ringfinger berühren. Dann lege die rechte Hand sanft in den Schoß, Daumenspitze und kleiner Finger berühren sich. Bei Männern: Die Mudra ist zwar die gleiche, aber nimm jeweils die andere Hand (wie in den Abbildungen zu sehen).

Deine Augen sollten ein Zehntel geöffnet sein wie eine Mondsichel. Deine Atemzüge sind lang, tief und entspannt. Es wird empfohlen, diese Meditation 11 bis 31 Minuten lang durchzuführen, aber wie bei allen Meditationen in diesem Buch wird selbst eine Minute etwas bewirken.

Zum Abschluss der Meditation hebe deine Hände über den Kopf und schüttel sie einige Minuten lang schnell. Ich empfehle dazu den Song »Shake It Out« von Florence + the Machine. Du kannst einen wirklich lustigen Boogie in Gang setzen und deine ganze toxische Energie ausschütteln.

Benutze diese Meditation, wenn du in einem irrationalen Gleis feststeckst. Du kannst sie auch täglich praktizieren, um eine gelassene und ausgeglichene Stimmung beizubehalten. Mach von ihr Gebrauch, wann immer du möchtest, und genieße die beruhigende Wirkung.

Wunder-Botschaft #52:
In jedem Atemzug kann ich Frieden finden.
#DuBistDeinGuru

#53: WERTSCHÄTZE DICH SELBST, UND DIE WELT WIRD DICH WERTSCHÄTZEN.

Meine gute Freundin Kate Northrup, Autorin von *Das liebe Geld*, hat mich sehr viel darüber gelehrt, wie ich mich selbst mehr wertschätzen kann. Kate hat es zu ihrer Mission gemacht, andere zu lehren, wie man seine Stärken wertschätzt, sodass die Welt diese Wertschätzung auf sie zurückwirft. Sie empfiehlt folgende effektive Methode zur Stärkung der eigenen Wertschätzung.

Hier ist die Übung, direkt von Kate:

> Denke jetzt sofort an drei bestimmte Dinge, die du an dir schätzt. Zu sagen »Ich bin gesund« als etwas, was du an dir schätzt, ist zwar toll, aber es regt nicht dieselbe emotionale Reaktion an, als wenn du wirklich präzise bist. Beispielsweise könnte ich sagen: »Ich habe starke, straffe Beine, die mich überall hintragen«, als etwas, das ich an mir schätze. Ja, es bezieht sich auf meine Gesundheit, aber es ist präziser und bringt mich dazu, mich sofort wertvoller fühlen, als wenn ich einfach nur sagen würde: »Ich bin gesund.«

Mach dir das zur Gewohnheit. Wenn du den Tag damit beginnst oder beendest, drei bestimmte Dinge aufzuschreiben, die du an dir wertschätzt (jeweils andere als diejenigen, die du am Tag zuvor aufgeschrieben hast), dann wirst du eine tief greifende Veränderung bewirken, und zwar nicht nur darin, wie du dich selbst findest, sondern auch in der Weise, wie du dich der Welt zeigst. Leute, die sich selbst wertschätzen, ziehen Leute an, die sie wertschätzen. Und Leute, die sich selbst wertschätzen, sind emotional erfüllt und in der Lage, anderen mehr Wertschätzung zuteilwerden zu lassen.

Bist du vielleicht versucht, etwas vom Vortag zu wiederholen? Tu das ja nicht! Ich versichere dir, es gibt eine Riesenanzahl von Gründen, warum du unglaublich toll und wirklich wertvoll bist. Jeden Tag drei neue Eigenschaften zu finden ist also nicht nur möglich, sondern es wird dir auch noch Spaß machen und immer leichter fallen, sobald du es dir zur Gewohnheit gemacht hast.

Nimm dir Kates Ratschlag zu Herzen und fang mit der täglichen Praxis an, Gründe anzuerkennen, warum du dich wertschätzt. Du wirst erstaunt sein, wie die Welt auf dein neues Gefühl der Selbstliebe und der Achtung reagiert. Erinnere dich daran: Die äußere Welt spiegelt lediglich deinen inneren Zustand wider. Indem du dein Innenleben stärkst und aufbaust, erfährst du starke, intensive Liebe von der Welt.

Wunder-Botschaft #53:
Menschen, die sich selbst wertschätzen,
ziehen Menschen an, die sie
ebenfalls wertschätzen. – Kate Northrup
#DuBistDeinGuru

#54: ES FINDET SICH IMMER EINE LÖSUNG, DIE DEM HÖCHSTEN WOHL DIENT.

Ich versuche mein Bestes, um dem Glauben treu zu bleiben, dass sich immer eine Lösung findet, die dem höchsten Wohl dient. Dieser Idee kannst du sicherlich leicht zustimmen, wenn alles zu deinen Gunsten klappt. Aber wenn das Universum dich auf dem falschen Fuß erwischt, kann man inmitten des ganzen Unbehagens leicht den Glauben verlieren. Stattdessen suchen wir nach mehr Problemen oder nach den entsprechenden Leuten, die man dafür verantwortlich machen kann.

Ich habe allmählich gelernt und akzeptiert, dass es immer eine Lösung *gibt*, die dem höchsten Wohl dient – auch wenn es vielleicht nicht dem entspricht, was ich für richtig halte. Meine Aufgabe ist es, trotzdem weiterhin an Wunder zu glauben und mich für das höchste Wohl zu entscheiden. Ich habe festgestellt, dass es umso leichter ist, mich durch unangenehme Situationen hindurchzubewegen, je stärker ich mich auf diese Sichtweise konzentriere. Beispielsweise quält sich eine Coaching-Klientin von mir mit ihrer Beziehung zu ihrer Schwester ab. In dieser Beziehung verzeichnen Eifersucht und Konkurrenzkampf absolute Höchststände. Meine Klientin verbrachte Jahre damit, in die Defensive zu gehen und voller Wut zu sein. Obwohl ihr Ego sich auf der Angst-Spur bewegte, legte sie sich auf die Überzeugung fest, dass sich eine Lösung finden würde, die dem höchsten Wohl dient.

Und von dieser Überzeugung ließ sie sich führen. Im Laufe der Zeit blieb ihre Schwester zwar nach wie vor anstrengend und konkurrenzbetont, aber die Angst meiner Klientin wurde schwächer. Die äußeren Umstände veränderten sich zwar nicht, ihre inneren Umstände dagegen aber umso mehr. Ihr fiel auf, dass sie gelassener wurde und sich nicht mehr so reaktiv verhielt. Sie begann sich für Vergebung zu öffnen und träumte sogar davon, mit ihrer Schwester im Frieden zu sein. Weil sie die Tür für eine spirituelle Lösung offen hielt, erschien die spirituelle Lösung auch.

Im Fall meiner Klientin zeigte sich die Lösung nicht als klare Führung, sondern vielmehr war es ein unbewusstes Loslassen von Groll und Angst. Deine Situation ist vielleicht eine andere – vielleicht siehst du die Lösung als eine eindeutige Führung, die dich in Richtung Frieden lenkt. Aber die Form der Lösung spielt keine Rolle. Du musst dir keine Sorgen um die Lösung machen, die du empfängst. Sei vielmehr einfach offen, um zu empfangen, was auch immer das höchste Wohl ist. Wenn du es mit einer schwierigen Situation zu tun hast, wird dir diese kleine Affirmation helfen, den Glauben zu bewahren: *Es findet sich immer eine Lösung, die dem höchsten Wohl dient.* Rezitiere sie im Stillen oder laut, wenn du mit einer anstrengenden Situation konfrontiert bist, und du wirst die Tür offen halten, um zu empfangen. Deine Offenheit ist alles, was du brauchst.

Wunder-Botschaft #54:
Es findet sich immer eine Lösung,
die dem höchsten Wohl dient.
#DuBistDeinGuru

#55: STELL DEINE VERSPANNUNG AUF DEN KOPF.

Eines Nachmittags hing ich mit meiner Freundin Jenny in meinem Büro herum (das gleichzeitig als Yoga-Zen-Raum dient). Plötzlich machte sie einen Kopfstand. Jenny ist eine passionierte Yogini, bekannt für ihre Liebe zu dieser Praxis – dennoch fiel ich aus allen Wolken. Während sie auf dem Kopf stand, erklärte Jenny, dass Umkehrhaltungen ihr dabei helfen würden, ihre Stimmung wieder auf die richtige Spur zu bringen. Wann immer sie das Gefühl habe, auf der Stelle zu treten oder blockiert zu sein, bringt eine Art von Umkehrstellung ihre Energie in Schwung und fördert ihren Übergang in einen höheren Bewusstseinszustand.

Statt also zuzuschauen, wie sie ihre Energie auffrischte, beschloss ich, es ihr gleichzutun. Ich ging in den gestützten Kopfstand an der Wand. Innerhalb einer Minute spürte ich eine Woge der Energie. Meine ganze Energie schien sich buchstäblich auf den Kopf zu stellen, und ich begann, mich lebendiger zu fühlen.

Inzwischen gehören Umkehrhaltungen zu meiner täglichen Routine. Zusätzlich zum gestützten Kopfstand mache ich auch die Pflughaltung. Beide Umkehrhaltungen sind leicht auszuführen, also hervorragend geeignet, wann immer du Auftrieb brauchst. Die Pflughaltung ist meiner Meinung nach leichter für Yoga-Anfänger. Du kannst diese Haltung auf dem Fußboden in deinem Schlafzimmer durchführen, drau-

ßen auf einer Wiese oder irgendwo auf einer weichen Oberfläche. (**Anmerkung:** Wenn du an Rücken-, Nacken- oder anderen strukturellen Problemen leidest, dann lasse diese
Übung bitte aus.)

Pflughaltung

Um in die Pflughaltung zu kommen, legst du dich auf den
Rücken und bringst deine Wirbelsäule und Beine in eine
senkrechte Position, stütze den Po mit den Armen. Deine
Schultern und Ellbogen stützen dein Körpergewicht (halte
die Beine so senkrecht wie möglich und sorge dafür, dass dein
ganzes Gewicht auf den Schultern liegt, nicht auf dem
Nacken). Als Nächstes beugst du die Knie und stellst die Füße
auf den Boden: Atme aus und stoße die Füße vom Boden weg,
zieh die Beine hoch in die Luft, sodass du auf den Schultern
stehst. In dieser Position atmest du aus und beugst dich von
den Hüftknochen aus, um die Zehenspitzen langsam auf den
Boden hinter deinen Kopf zu senken. Halte den Rumpf senkrecht zum Boden und die Beine ganz ausgestreckt. Lass deine
Zehen leicht auf den Boden aufkommen und hebe die
Oberschenkel und das Steißbein in Richtung Decke. Zieh das
Kinn vom Brustbein weg und entspanne den Hals.

Du kannst die Haltung noch intensivieren. Dazu stützt du
mit den Händen den Rücken und stemmst ihn dadurch zur
Decke hoch. Du kannst entweder deine Hände weiter zur
Unterstützung benutzen oder aber deine Arme hinter dir auf
dem Boden ausstrecken.

Um die Haltung zu beenden, legst du die Hände wieder
auf den Rücken, hebst die Beine in den Schulterstand und
atmest die ganze Zeit aus, bis du wieder auf dem Rücken
liegst.

Praktiziere eine Umkehrstellung eine Minute lang oder
länger und du wirst daraus großen Nutzen ziehen. Diese ein-

fache Übung kann deine schlechte Laune, Stress oder diffuse Gedanken vertreiben und deine Energie wiederaufladen. Umkehrhaltungen fördern die Durchblutung und verbessern die Konzentration, das Gedächtnis und die Achtsamkeit.

Umkehrhaltungen fördern auch die Verdauung und Ausscheidung – viele Yogis empfehlen Umkehrhaltungen zur Überwindung von Verstopfung. Ein weiterer gesundheitlicher Vorteil von Umkehrhaltungen ist, dass sie den Lymphfluss und die Blutreinigung unterstützen. Das Lymphsystem entgiftet das Gewebe und stärkt dein Immunsystem. Der Grund, warum du dich nach einer Umkehrhaltung so regeneriert fühlst, ist deren entgiftende Wirkung.

Und was am wichtigsten ist: Umkehrhaltungen heben deine Stimmung und lindern Depressionen. Wenn du deinen Kreislauf in Schwung bringst und Sauerstoff in das Gehirn schickst, setzt du Neurotransmitter und Endorphine frei und bringst obendrein deine Hormone ins Gleichgewicht.

Stell deine Blockaden mit einer Umkehrhaltung für eine Minute (oder mehr) täglich auf den Kopf.

Wunder-Botschaft #55:
Eine Umkehrhaltung am Tag hält Stress fern.
#DuBistDeinGuru

#56: GIB MEHR VON DEM, WAS DU BEKOMMEN MÖCHTEST.

Was wir uns am meisten wünschen, ist oft etwas, das wir nicht geben. Vielleicht suchst du mehr Liebe, aber läufst mit dem Gefühl herum, nicht liebenswert zu sein. Oder vielleicht möchtest du mehr Geld haben, bist aber zu zaghaft, um an Wohltätigkeitsorganisationen zu spenden oder Freunden in Not auszuhelfen. Wenn du etwas zurückhältst, schneidest du dich selbst von einem wichtigen Energieaustausch ab. Die einfache Wahrheit ist die, dass du das, was du energetisch bereitstellst, auch wieder zurückbekommen wirst. Wenn du deine Aufmerksamkeit darauf richtest, was du gibst, dann ist die Energie, die du abgibst, voller Liebe und Freude. Diese freudvolle Energie, die du ausstrahlst, bewirkt, dass du mehr davon wieder zurückbekommst.

Mehr von dem zu geben, was du möchtest, bedeutet nicht, dass es sich nur um etwas Materielles handeln muss. Indem du einfach eine bestimmte Energie ausstrahlst, wird mehr von dieser Energie in dein Leben ziehen. Wenn du dich zum Beispiel reich fühlst (ungeachtet deiner finanziellen Situation), wirst du mehr Reichtum anziehen. Durch deine Gefühle der Liebe und Romantik (auch wenn du Single bist) beispielsweise wirst du mehr Liebe und Romantik in dein Leben ziehen.

Nimm genau unter die Lupe, wonach du dich sehnst, und frage dich: *Ist das etwas, was ich nicht gebe?* Sehnst du dich nach diesem einen Liebespartner, während du herumläufst und dich allein und traurig fühlst? Oder möchtest du einen neuen Job haben, erzählst aber jedem, dass du es nicht wert bist, ihn zu bekommen? Mach eine ehrliche Inventur, dann wirst du nach und nach erkennen, wie deine Energie und deine Handlungen auf dich zurückgeworfen werden. Geh dabei mutig, aber zugleich sanft mit dir selbst um.

Sobald du dir im Klaren darüber bist, was du zurückhältst, ist es an der Zeit, es zu geben. Gib die Liebe, die du bisher verweigert hast; lass der Person, gegen die du Groll hegst, Vergebung zuteilwerden; schenke deiner Gesundheit, die du bislang ignoriert hast, Aufmerksamkeit. Gib, was du auch erhalten möchtest, und spüre, wie sich deine Energie verändert. Mehr Positivität in allen Bereichen deines Lebens zu verbreiten wird die Türen zum Glücklichsein – und zum Empfangen – aufreißen.

Ein Kurs in Wundern lehrt: »Wunder sind Lehreinrichtungen, die aufzeigen, dass Geben ebenso selig ist wie Nehmen. Sie mehren gleichzeitig die Kraft des Gebenden und verleihen dem Empfangenden Stärke.« Gib in dem Wissen, dass dir Frieden zuteilwird, wann immer du anderen Frieden zuteilwerden lässt.

Wunder-Botschaft #56:
Gib mehr von dem,
was du bekommen möchtest.
#DuBistDeinGuru

#57: ÜBERANTWORTE ALLES.

Bei den meisten meiner Macken und fixen Ideen, die ich so mit mir rumschleppe, geht es eigentlich nur um triviale Sachen – etwa ob ich eine Flugzeit ändern oder eine Verabredung verschieben soll. Dieses Grübeln über all diesen Kleinkram kann mich manchmal echt in den Wahnsinn treiben! Aber wenn etwas wirklich Wichtiges in meinem Leben passiert, etwa eine berufliche Chance oder ein Familienproblem, dann vergesse ich nie, auf die Knie zu gehen und mich zu überantworten – also das Problem quasi ganz ans Universum abzugeben. Ich finde es einfach leichter, an die großen Sachen zu glauben als an die kleinen.

Ein Hauptgrund dafür ist, dass unser Verstand oft denkt, dass er die kleinen Dinge kontrollieren kann. Dadurch, dass wir handeln und Verantwortung zeigen, fühlen wir uns wohl, aber dieses Wohlgefühl verwandelt sich schnell in Frustration, wenn wir erkennen, dass wir eigentlich überhaupt keine Kontrolle haben, obwohl wir uns die doch so sehr wünschen. Ich habe gelernt, dass ich nichts festhalten kann – vor allem nicht die kleinen Sachen. Das alles abzugeben bzw. zu übergeben ist entscheidend für mein Glück.

Vielleicht denkst du jetzt: »Nun, das hört sich ja großartig an, aber wie zum Teufel soll ich *alles* übergeben?«

Mach dir nichts draus: Das ist die Reaktion, die ich erwartet habe! Das Ego will an allem festhalten, daher wird die

Vorstellung, etwas loszulassen, dich wahrscheinlich zum Ausflippen bringen. Aber der Zweck dieses Prinzips besteht darin, einfach *bereit* zu werden, alles zu überantworten.

Hier ist ein Beispiel dafür, was mir passiert, wenn ich versuche, mein Leben zu kontrollieren, und es dann schließlich überantworte. Ich drehe oft durch bei dem Versuch, meine Reisepläne in den Griff zu bekommen. Ich flippe aus, wenn es darum geht, Entscheidungen zu treffen und Flüge umzubuchen. Mein Ego gerät außer Rand und Band, wenn es sich Gründe für mich ausdenkt, um auszurasten, was meinen Blutdruck und meine Stresshormone in die Höhe treiben lässt. Einen ganzen Tag lang bin ich in Panik wegen einer Entscheidung, die ich eigentlich leicht treffen könnte, wenn ich in einem gelasseneren Zustand wäre. Nachdem ich mich stundenlang gestresst und in die Sache reingesteigert habe, geh ich auf die Knie und bete. Und sobald ich bete, verspüre ich ein Gefühl der Erleichterung. Auch wenn es nur ganz kurz ist – es genügt. So ein einfaches Gebet öffnet mir die Tür, um neue Informationen und Führung zu erhalten. Innerhalb von Minuten habe ich vielleicht die Eingebung, eine Freundin anzurufen, die mich unterstützen kann, oder manchmal ruft eine Freundin mich an, noch bevor ich nach dem Telefon gegriffen habe. *Ein Kurs in Wundern* sagt: »Das Geheimnis des wahren Gebets ist, die Dinge zu vergessen, die du zu brauchen glaubst.« Sobald wir unsere Absichten voll und ganz überantworten, können wir die Führung des Universums geschehen lassen. Eine positive Absicht, die wir in einem Gebet überantworten, kann jede Situation so umgestalten, dass am Ende dabei etwas entsteht, das dem höchsten Wohl dient.

Obwohl ich mich immer früher oder später an diese Sache mit dem Beten erinnere, passiert das oft erst nach Stunden oder manchmal nach Tagen des Unbehagens. Die meisten von uns gelangen irgendwann mal an den Punkt des Übergebens, aber warum Stunden, Tage oder gar Wochen warten?

Wir können uns *jederzeit* mit einem einfachen Gebet überantworten. Wenn wir diesen Moment ergreifen, um unseren Willen zu übergeben, laden wir eine Präsenz dazu ein, die größer ist als wir, die Führung zu übernehmen. Yogi Bhajan sagte: »Wenn wir unsere Hände zum Gebet falten, öffnet Gott seine Arme und umarmt uns.« Diese Botschaft sagt alles. Wenn du im Zweifel bist, falte die Hände und bete.

Auch wenn das Gebet passiv zu sein scheint, so ist es doch eine sehr aktive Angelegenheit. Wenn wir beten, fassen wir bewusst die Absicht, die Dinge anders zu sehen. Das ist das Wunder. Unsere bewusste Bereitschaft, unsere Kontrolle loszulassen, verändert unsere Energie und versetzt uns in einen friedlichen Zustand, in dem wir neue Informationen empfangen können, und auf diese Weise werden wir geführt. Diese Führung können wir nur erfahren, wenn wir darum bitten.

Die Gebetspraxis wird in diesem Buch immer wieder hervorgehoben. Vielen Menschen, die neu auf dem spirituellen Weg sind, mag das Beten vielleicht komisch vorkommen. Für eine Gebetspraxis musst du nicht auf die Knie fallen und einen religiösen Text rezitieren. Alles, was du tun musst, ist, »die Dinge zu vergessen, die du zu brauchen glaubst« und dich zu überantworten. Bete, wann immer du unentschlossen bist, übermäßig auf etwas fixiert oder in einer Angstspirale gefangen. Versuche nicht, um ein bestimmtes Ergebnis zu beten – bete stattdessen um Frieden. In einen friedlichen, gelassenen Gemütszustand zu gelangen ist alles, was wir wirklich brauchen.

Wunder-Botschaft #57:
Ich überantworte alles.
#DuBistDeinGuru

#58: TAPPING
GEGEN SCHMERZEN

Wir kommen aufs Tapping zurück – und diesmal klopfen wir Schmerzen weg. Wir alle werden auf unterschiedliche Weise von körperlichen Schmerzen beeinträchtigt. Ob es die täglichen Nackenschmerzen sind von allzu langen Laptop-Sitzungen, PMS-Krämpfe oder chronische Schmerzen aufgrund einer Verletzung, Tapping kann dir helfen, davon loszukommen.

Manchmal rührt unsere Besessenheit im Hinblick auf körperliche Schmerzen von einer Emotion her. Unsere Emotionen lösen Veränderungen im empfindlichen Gleichgewicht der Hormone und Neutransmitter in unserem Körper aus. Positive Emotionen fördern unsere Gesundheit, während negative Emotionen Stresshormone wie Adrenalin und Cortisol stimulieren. Negative Emotionen tragen ebenfalls wesentlich zu Schmerzen bei. Das Klopfen gegen deine Schmerzen ermöglicht es dir also, deine emotionale Anhaftung daran zu lösen, wodurch gleichzeitig die körperlichen Beschwerden beseitigt werden. Wenn sich das beeindruckend anhört, dann aus dem Grund, weil es das auch ist!

Lass uns zunächst dein dringlichstes Problem (Most Pressing Issue, kurz MPI) rund um deine Schmerzen bestimmen. Vielleicht handelt es sich bei deinem MPI darum: »Mit diesen Rückenschmerzen kann ich den Tag nicht durchstehen.« Oder vielleicht darum: »Die Kopfschmerzen lenken mich vom Leben ab.« Sobald du dein MPI identifiziert hast, bewertest du es auf einer Skala von 1 bis 10 (10 tut am meisten weh). Nach der Bewertung deines MPI können wir mit dem Tapping beginnen. Folge meiner Tapping-Anleitung und wiederhole jeden Satz laut, während du auf die angegebenen verschiedenen Meridiane klopfst. Folge einfach meinem Beispiel und erwarte Wunder.

Beklopfe als Erstes den Karateschlag-Punkt (siehe dazu Seite 75). Klopfe ungefähr sieben Mal leicht auf jeden Punkt. Beim Klopfen wiederhole drei Mal den folgenden Satz oder dein MPI: *Auch wenn es eine Quälerei ist, mit diesen Schmerzen zu leben, liebe und achte ich mich zutiefst und voll und ganz.* Du kannst auch meiner Videoanleitung folgen: Gabbyb.tv/Miracles-Now.

Karateschlag: Auch wenn es eine Quälerei ist, mit diesen Schmerzen zu leben, liebe und achte ich mich zutiefst und voll und ganz.
Karateschlag: Auch wenn es eine Quälerei ist, mit diesen Schmerzen zu leben, liebe und achte ich mich zutiefst und voll und ganz.
Karateschlag: Auch wenn es eine Quälerei ist, mit diesen Schmerzen zu leben, liebe und achte ich mich zutiefst und voll und ganz.

Beginne nun mit dem Augenbrauen-Punkt und beklopfe die Punkte am Gesicht bis hinunter zum Unter-dem-Arm-Punkt und schließlich den Scheitel-Punkt. Fang dann wieder mit dem Augenbrauen-Punkt an. Bei jedem Klopfpunkt sprichst du laut den jeweiligen Satz.

Augenbraue: Dieser ganze Schmerz.
Seitlich vom Auge: Ich kann damit nicht mehr leben.
Unter dem Auge: Dieser ganze Schmerz in meinem Körper.
Unter der Nase: Ich fühle mich so unwohl.

Kinn: Ich mag das nicht.

Schlüsselbein: Ich komme mit meinem Leben nicht weiter.

Unter dem Arm: Ich kann diese Schmerzen nicht mehr ertragen.

Scheitel: Diese Schmerzen beeinträchtigen mein Leben.

Augenbraue: Sie halten mich davon ab, im Frieden zu sein.

Seitlich vom Auge: Sie hindern mich daran, das Leben zu genießen.

Unter dem Auge: Vielleicht versucht dieser Schmerz, mich etwas zu lehren.

Unter der Nase: Ich möchte für diese Information offen sein.

Kinn: Ich bin bereit, von diesem Schmerz zu lernen.

Schlüsselbein: Vielleicht gibt es etwas, worauf ich achten muss.

Unter dem Arm: Vielleicht ist es ein Gefühl, das ich nicht ausdrücke.

Scheitel: Ein anderer Schmerz, dem ich ausweiche.

Augenbraue: Oder er lenkt mich von diesem größeren Schmerz ab.

Seitlich vom Auge: Was wäre, wenn ich einfach den Schmerz fühlen und ihn loslassen könnte?

Unter dem Auge: Ich bin offen dafür, die Emotionen zu fühlen, die mich blockieren.

Unter der Nase: Was wäre, wenn ich jetzt entspannen könnte?

Kinn: Dieser Schmerz rührt zum Teil vielleicht von Stress und Verspannung her.

Schlüsselbein: Was wäre, wenn ich bereit wäre, dies alles loszulassen?

Unter dem Arm: Ich gebe meinem Körper und meinem Geist die Erlaubnis, diesen Schmerz loszulassen.

Scheitel: *Lass los.*

Augenbraue: Ich erlaube mir, mich zu entspannen.

Seitlich vom Auge: Ich lasse meine Anhaftung an diesen Schmerz los.
Unter dem Auge: Ich bin bereit, dies jetzt loszulassen.
Unter der Nase: Ich will frei und glücklich sein.
Kinn: Ich entscheide mich dafür, mich gut zu fühlen.
Scheitel: Alles ist gut.

Nimm einen sanften und tiefen Atemzug.
Überprüfe dann dein MPI und bewerte es auf einer Skala von 1 bis 10. Wahrscheinlich ist der Wert gesunken – entweder grundlegend oder nur um ein paar Stufen. Wenn dein MPI noch immer dicht an dem Wert 10 liegt, dann klopf ruhig weiter.

Wenn du deine Anhaftung an physische Schmerzen löst, kannst du mehr Flow in dein Leben bringen und dich mit Anmut weiterbewegen. Nimm die ganze Führung an, die im Tapping-Prozess durchkommt. Vielleicht gelangst du zu der Erkenntnis, dass deine körperlichen Schmerzen lediglich eine Manifestation eines tief verwurzelten emotionalen Schmerzes sind. Und um geheilt werden zu können, muss dieser Schmerz zuerst einmal an die Oberfläche gebracht werden. Sei offen für die Führung, die du erhältst, und vertraue dem Tapping-Prozess.

Wunder-Botschaft #58:
Unter meinem körperlichen Schmerz
verbirgt sich ein Ruf nach Liebe.
#DuBistDeinGuru

#59: HALTE DICH AN DEINE VERPFLICHTUNGEN.

Den größten Teil meiner Pubertät war ich sehr egoistisch und kümmerte mich nur um meine Prioritäten und Pläne. Ich hielt mich selten an meine Verpflichtungen. Ich hielt Abmachungen nicht ein und kreuzte trotz meiner Zusage nicht auf. Aufgrund dieses schlechten Benehmens machte ich viele Beziehungen kaputt und hatte keine tiefen Verbindungen, weil ich so unzuverlässig war. Als ich trocken wurde, fasste ich den Entschluss, mein Verhalten wiedergutzumachen, indem ich mich in Zukunft an all meine Verpflichtungen – so gut ich eben konnte – halten würde. Heute, viele Jahre nach meiner Genesung, schätze ich diese Verbindlichkeit sehr und liebe das Gefühl, aufzukreuzen, so wie ich es auch versprochen habe.

Wenn man sich nicht an Abmachungen oder Verpflichtungen hält, überkommt einen ein unbewusstes Schuldgefühl. Ob es dir bewusst ist oder nicht, du magst dich wahrscheinlich selbst nicht, wenn du Leute versetzt. Dieses Schuldgefühl kann dich daran hindern, Beziehungen zu vertiefen, neue Gelegenheiten zu schaffen und dein Leben zu bereichern. Und die Lösung könnte nicht direkter sein: Alles, was du tun musst, ist, zum festgelegten Zeitpunkt aufzukreuzen. Mir ist klar, dass es oft zulässige Gründe dafür gibt, einen Plan zu ändern, aber wenn das Nichterscheinen zur Regel wird, ist es an der Zeit, etwas zu ändern. Diese Übung wird dir helfen, dir darüber klar zu werden, wie du dich selbst und andere aufgrund mangelnder Verbindlichkeit entwürdigst.

Sei ehrlich gegenüber dir selbst im Hinblick darauf, wie gut du dich an deine Verpflichtungen hältst. Erstelle eine Liste von allen Methoden, wie du andere sitzen lässt, Pläne änderst oder dein Leben so umorganisierst, wie es dir passt. Dann schreibe eine Liste davon, wie dieses Verhalten sich auf andere auswirkt. Und schließlich schreibst du auf, wie du dich dabei fühlst.

Nimm dir einen Augenblick Zeit, um dein Verhalten genauer unter die Lupe zu nehmen und es ein bisschen tiefer zu erforschen. Sieh über dieses Verhalten hinaus, um herauszufinden, was sich dahinter verbergen könnte. Beispielsweise akzeptieren einige Leute ihre Verpflichtungen nicht oder kommen zu spät, weil sie ein fest verwurzeltes Kontrollbedürfnis haben. In anderen Fällen schätzen Leute ihre eigenen Verpflichtungen sich selbst gegenüber nicht, und daher spiegelt sich dies in der Weise wider, wie sie andere behandeln.

Wenn du das Verhalten verstehst und weißt, woher es kommt und warum es geschieht, kannst du den nächsten Schritt tun. Probiere etwas Neues aus. Mach dir einen Plan, von dem du weißt, dass du ihn einhältst. Betrachte es als eine Übung darin, ein neues Muster zu erzeugen. Manchmal besteht der beste Weg, um ein altes Muster zu beseitigen, in dem Verständnis, woher es kommt, und dann in der bewussten Entscheidung, es anders zu machen.

Wunder-Botschaft #59:
Halte dich an deine Verpflichtungen.
Leuchte für dich und die Welt.
#DuBistDeinGuru

#60: FEIERE DEINE KLEINEN ERFOLGE.

Die meisten Leute (ich auch) verbringen viel Zeit damit, sich darauf zu konzentrieren, was sie falsch machen. Ob uns das klar ist oder nicht, wir können uns stundenlang runterputzen. Diese Gedanken reichen von *Warum hast du das schon wieder getan?* bis hin zu *Du bist nicht gut genug.* und *Und du hältst dich für großartig?.* Vielleicht empfindest du ein schwaches Gefühl der Unsicherheit, kannst aber nicht genau ausmachen, woher es kommt oder wie es dich beeinträchtigt. Oder vielleicht bist du wütend, weißt aber nicht, warum.

Es scheint, als hätten wir uns daran gewöhnt, uns auf das Negative zu konzentrieren, stets auf der Suche nach Fehlern in allen Situationen. Mir fiel dieses Muster auf, als ich mit einer Coaching-Klientin arbeitete. In jeder Sitzung, die wir hatten, machte sie sich für all die Dinge fertig, die sie ihrer Meinung nach falsch gemacht hatte. Sie listete alle ihre Fehler auf und putzte sich ganz lässig herunter. Dann schlug ich in einer Coaching-Sitzung vor, dass sie darüber reden sollte, was sie richtig machte. Verwirrt antwortete sie: »Aber warum denn?« Ich sagte: »Sie verbringen so viel Zeit damit, sich auf Ihre Fehler zu konzentrieren. Was wäre, wenn Sie sich entscheiden würden, Ihr Augenmerk auf das zu lenken, was Sie richtig gemacht haben?« Sie holte tief Atem und brachte den Mut auf, damit anzufangen, ihre Erfolge aufzuzählen.

Nachdem sie sich ein paar Minuten auf die guten Dinge

konzentriert hatte, nahm ich wahr, dass sich ihr Tonfall und ihre Energie verändert hatten. Indem sie ihren Fokus neu ausrichtete – weg von dem, was falsch war, auf das, was richtig war –änderte sie ihre ganze Haltung.

Obwohl diese Übung leicht zu sein scheint, ist sie keine naheliegende Wahl. Unser Ego hat uns davon überzeugt, dass es sicher ist, sich auf das Negative zu konzentrieren, und dass wir dabei bleiben müssen, um produktiv zu sein, weiterzukommen oder über die Runden zu kommen. In Wahrheit trifft das Gegenteil zu. In dem Augenblick, in dem wir anfangen, uns selbst zu feiern und uns auf unsere Erfolge zu konzentrieren, fangen wir an zu leben. Es ist also Zeit zu feiern! Zücke dein Notizbuch und mache eine Liste von allen Dingen, in denen du spitze bist. Sei nicht schüchtern. Und erst recht nicht bescheiden. Prahle ruhig. Dann nimm diese Liste immer mit und schau sie dir an, wenn du Zweifel hegst. Wenn dir im Laufe des Tages großartige Dinge an dir auffallen, füge sie der Liste hinzu. Mach damit weiter, die Liste zu erweitern, und genieße es.

Lass dies zu einer unwillkürlichen Praxis werden – sodass du schließlich diese Liste nicht mehr brauchst, sondern stattdessen anfängst, dir im Kopf Notizen darüber zu machen, wie toll du bist. Bei dieser Übung geht es darum, dass du es dir zu einer neuen Gewohnheit machst, DICH zu feiern. Es wird sich nicht nur fantastisch anfühlen, sich auf die guten Dinge zu konzentrieren, sondern es wird dir auch helfen, dich langsam, aber sicher von deiner Anhaftung an die schlechten Dinge zu lösen. Lass uns die DU-Party starten.

Wunder-Botschaft #60:
In dem Augenblick, in dem wir uns selbst feiern
und uns auf unsere Erfolge konzentrieren,
fangen wir an zu leben.
#DuBistDeinGuru

#61: UM DEN FRIEDEN ZU WAHREN, BLEIB DIR TREU.

Meiner Freundin Rachel fällt es unheimlich schwer, Leute zu enttäuschen. Sie vermeidet Konflikte um jeden Preis und bemüht sich sehr, anderen entgegenzukommen. In den meisten Fällen sagt sie nicht ehrlich, was sie braucht, sich wünscht und fühlt, damit andere sich nicht aufregen. Danach fühlt sich Rachel immer ausgelaugt, enttäuscht und ärgert sich unbewusst über sich selbst und andere. Und was am schlimmsten ist, wann immer Rachel nicht ihre Wahrheit ausspricht, fühlt sie sich wie ein Opfer. Dennoch kann sie nicht erkennen, wie sie ursprünglich diese Dynamik verursacht hat.

Ich bin früher viele Male in so einer Situation gewesen. Immer wenn ich nicht meine Wahrheit ausspreche oder nicht um das bitte, was ich will, in dem Bemühen, Konflikte zu vermeiden, gehe ich voller Groll weg. Bist du so wie Rachel?

Wenn du mit einem Konflikt konfrontiert bist, unternimmst du alles in deiner Macht Stehende, um Schönwetter zu machen, selbst wenn dein eigenes Glück auf dem Spiel steht? Wenn ja, dann ist es wichtig, das Muster zu verstehen und diese Übung anzuwenden, um dein Verhalten zu ändern. Leuten gefällig zu sein, um Konflikten aus dem Weg zu gehen, hilft weder dir noch der anderen beteiligten Person. Lerne, dich mit deiner Wahrheit zu erheben und Verantwortung für deine Bedürfnisse zu übernehmen. Konflikte treten immer wieder mal auf: Wenn es wieder mal so weit ist, so kannst du damit dann in Würde umgehen.

Schritt 1: Erkenne deinen Anteil: Wenn du konfliktscheu bist, wirst du wahrscheinlich mit dem Gefühl, irgendwie ungerecht behandelt worden zu sein, fortgehen. Wahrscheinlich ist dir nicht klar, dass durch dein Vermeidungsverhalten die Situation entstanden ist. Es ist äußerst wichtig, dass du dir ehrlich anschaust, wie du Konflikte vermeidest, und Verantwortung für das Ergebnis der Situation übernimmst. Dir deinen Anteil an der Situation einzugestehen wird dir helfen, keinen Groll mehr auf die andere Person zu hegen, und dich darauf vorbereiten, vor deiner eigenen Tür zu kehren.

Schritt 2: Sprich deine Wahrheit. Sobald du dir kristallklar darüber bist, wie du Konflikten aus dem Weg gehst, wird es Zeit, dein Muster zu ändern. Gewöhn es dir sofort an, deine Wahrheit auszusprechen. Auch wenn sich das unangenehm anfühlen mag, versuch dein Bestes, unumwunden und ehrlich darüber zu sprechen, was du brauchst und dir wünschst. Du kannst die Gefühle der anderen Person berücksichtigen, ohne deine eigenen zu verleugnen. Es ist ein fragiles Gleichgewicht zwischen vollkommener Ehrlichkeit und inniger Freundlichkeit. Die Wahrheit, die mit Freundlichkeit übermittelt wird, wird gut aufgenommen werden.

Als meine Freundin Rachel begann, diese Methoden bei ihren Beziehungen anzuwenden, bemerkte sie, dass ihre freundlich übermittelte Wahrheit sogar positiv bewertet wurde. Die Leute schätzten ihre Ehrlichkeit, und weil diese im freundlichen Ton kommuniziert wurde, erhielt sie auch eine freundliche Antwort.

Deine Wahrheit zu sprechen ist die liebevollere Entscheidung.

Wunder-Botschaft #61:
Wenn du den Frieden wahren willst,
bleib dir treu.
#DuBistDeinGuru

#62: LEGE EINE EINMINÜTIGE PAUSE EIN, UM DANKBAR ZU SEIN.

Wenn wir eingespannt sind oder überfordert, verlieren wir schnell den Überblick darüber, was wichtig ist. Wenn das Leben hektisch wird, neigen wir dazu, uns auf Mangel zu konzentrieren: was wir nicht haben, was nicht funktioniert und so weiter. Im Laufe der Zeit kann uns das Fokussieren auf das Negative stressen. Immer wenn ich in diese Situation gerate, rufe ich meine gute Freundin Terri Cole an, die Psychotherapeutin und ein genialer Life-Coach ist. Terri weiß immer, wie sie mich wieder beruhigen kann, wenn ich am Durchdrehen bin.

Eine tolle Technik, die Terri in diesem Zusammenhang empfiehlt, ist die einminütige Dankbarkeitspause. Sie sagt:

Speichere Bilder von schönen Landschaften, von deinen Lieben oder irgendwelche Fotos, die dich inspirieren, auf deinem Handy oder deinem Computermonitor. Wenn du dich gestresst fühlst, unruhig oder ängstlich bist, nimm dir 60 Sekunden Zeit, um die Bilder zu betrachten, und beschwöre das Gefühl von Dankbarkeit und Freude in der Brustmitte herauf. Konzentriere dich beim Einatmen und beim Ausatmen darauf, langsam bis fünf zu zählen. Komm in den gegenwärtigen Augenblick zurück und empfinde Dankbarkeit für alles, was in diesem Moment gut und richtig in deinem Leben ist.

Ich liebe diese Übung, und sie funktioniert jedes Mal! Dadurch, dass wir unser Augenmerk auf negative Gedanken richten, schwächen wir unsere Energie und hindern uns selbst daran, glücklich, gesund und vital zu sein. Aber stellen wir die guten Dinge in den Mittelpunkt, erhöhen wir unsere Energie in allen Bereichen unseres Lebens. Wenn wir unsere Aufmerksamkeit auf etwas Wohltuendes und Freudvolles lenken, legen wir den Fokus darauf, was wir haben, statt darauf, was wir nicht zu haben glauben. Wir können uns leicht mit neuer Energie versorgen, indem wir unseren Fokus neu ausrichten – auf etwas, durch das wir uns wohlfühlen.

Diese Technik kann überall und immer eingesetzt werden. Bewahre in deinem Portemonnaie ein Bild auf, das dir helfen wird, das Gefühl von Freude zu entfachen. Immer wenn du dich dabei ertappst, völlig gaga zu werden, öffne einfach dein Portemonnaie und hol dieses inspirierende Bild heraus. Nimm dir eine Minute Zeit, um das Gefühl voll und ganz wahrzunehmen, das sich beim Betrachten dieses Bildes einstellt. Je häufiger du dich darin übst, umso gestärkter wirst du dich fühlen. Unsere Fähigkeit, uns anders zu besinnen, ist eines unserer großartigsten Hilfsmittel, um Frieden zu finden.

Wunder-Botschaft #62:
Unsere Fähigkeit, uns anders zu besinnen,
ist eines unserer großartigsten Hilfsmittel,
um Frieden zu finden.
#DuBistDeinGuru

#63: MANCHMAL IST EIN NEIN DIE LIEBEVOLLSTE ANTWORT.

Viele Jahre lang war ich ein Jasager. Ich sagte Ja zu jedermann, wobei ich mich oft derart überforderte, dass ich kurz vor einem Burn-out stand. Immer Ja zu sagen führte zu jeder Menge Chaos in Beziehungen, in der Arbeit und in Freundschaften.

Im Nachhinein ist mir klar, dass dieses Verhalten von einem tief verwurzelten Wunsch, geliebt und anerkannt zu werden, herrührte. Irgendwie tief in mir dachte ich, dass Ja zu sagen bedeutete, Freunde zu gewinnen und cool und locker zu wirken.

Allmählich erkannte ich jedoch, dass »Ja« nicht immer die liebevollste Antwort war. Ich lernte, dass es sich letzten Endes als die beste Entscheidung herausstellte, Nein zu sagen zu Dingen, die ich nicht tun wollte oder die ich wirklich nicht zusagen konnte. Mit der Zeit wurde »Nein« ein wichtiger Bestandteil meines Vokabulars. Dadurch, dass ich immer öfter Nein sagte, hatte ich mehr Zeit, mich auf mich zu konzentrieren, und konnte die Verpflichtungen, die ich eingegangen war, wirklich einhalten. Das Wort »Nein« rettete mich vor vielen Zusammenbrüchen.

Bist du ein Jasager? Wenn ja, fühlst du dich wahrscheinlich wegen all der Dinge, die du zugesagt hast, überfordert. Eine der hervorragendsten Methoden, um produktiv, erfüllt und weniger gestresst zu sein, ist, damit aufzuhören, zu allem

Ja zu sagen, und anspruchsvoller im Hinblick auf deine Verpflichtungen zu werden.

Einigen Leuten fällt es schwer, Nein zu sagen. Wenn das auf dich zutrifft, fang einfach mit folgender Affirmation an, die du dir den ganzen Tag lang sagst: »Es ist ungefährlich, Nein zu sagen. Wenn ich Nein sage, sorge ich für mich und andere.« Diese Affirmation kann dich von dieser tieferen Bereitschaft, Ja zu sagen, selbst wenn du weißt, dass es falsch ist, weglotsen.

Sobald du anfängst, das Wort »Nein« zu einem wichtigen Bestandteil deines Vokabulars zu machen, wird sich allmählich ein Gefühl des Friedens bei dir einstellen. Es wird sich anfangs vielleicht komisch anfühlen, aber du wirst die Freiheit lieben lernen, die du erlebst, weil du deine Zeit und Energie schützt. Und was am wichtigsten ist, du wirst mit dir zufriedener sein, weil du zu den Terminen, zu denen du dich verpflichtet hast, wirklich kommst.

Wunder-Botschaft #63:
Manchmal ist ein NEIN die liebevollste Antwort.
#DuBistDeinGuru

#64: STILLE IST DER SCHLÜSSEL ZUM ERFOLG.

Mit 25 Jahren lernte ich die Wohltat der Stille kennen. In meinem Fall musste ich einen emotionalen, geistigen und körperlichen Tiefpunkt erreichen, um zu entschleunigen. Es spielt wohl keine Rolle, wie ich dort hingelangte. Was eine Rolle spielt, ist, dass ich schließlich still war. Durch Meditation, Gebet und meine Bereitschaft zu innerem Gewahrsam war ich imstande zu erkennen, dass meine größten Leistungen aus der Stille hervorgingen. Und das war der Punkt, an dem ich wirklich zu leben begann.

Wenn wir unseren Geist und Körper dazu bringen, still zu werden, können wir uns wahrhaftig mit unserem Spirit verbinden. Sobald wir eine spirituelle Verbindung hergestellt haben, besteht unsere Aufgabe darin, der Führung, die wir empfangen, zu folgen. Langsamer zu werden und zuzuhören ist der Schlüssel, um ein Leben in Führung zu leben. In der Stille hören wir, und dann ist es unsere Aufgabe, uns einer Macht, die größer ist als wir, anzuvertrauen, ob wir sie nun Gott nennen oder anders.

Ich hörte einmal den großartigen Unternehmer und Yogi Russell Simmons sagen: »Früher glaubte ich, dass Angst und Schlaflosigkeit mich zum Erfolg trieben, aber es war die Stille, die mich in allem gut sein ließ. Wenn du die Sekunden der Stille ausdehnst, dann bist du in der Lage zu denken und zu lernen.« Russell bringt es auf den Punkt. Bei einem Leben in

Führung geht es darum, die Sekunden der Stille auszudehnen. Wenn wir die Augenblicke der Stille addieren, spüren wir, wie das Leben zu fließen beginnt. Was wir brauchen, kommt direkt zu uns, die Lektionen des Lebens sind nicht mehr so schwer, und das Bewusstsein unserer Bestimmung und unserer Verbundenheit mit der Welt wächst. Da steckt Stille dahinter.

Bis jetzt hast du in diesem Buch viele Methoden kennengelernt, um zu Stille und Frieden zu gelangen. Jetzt frage dich selbst: »Wende ich meine Hilfsmittel an?« Wenn du mit Ja antwortest, achte darauf, wie diese Hilfsmittel Stille und Flow in dein Leben bringen. Wenn du mit Nein antwortest, frage dich, was dich vielleicht davon abhält. Wir haben jetzt mehr als die Hälfte dieses Prozesses geschafft, und es ist Zeit für eine aufrichtige Überprüfung. Sei ehrlich in Bezug auf deine Praxis und sei dir bewusst, dass es nie zu spät ist, sich aufs Neue zu verpflichten.

Lass dieses Prinzip eine Übung darin sein, deinen Fokus von »dort draußen« nach »hier drinnen« zu verlagern. Wann immer du dich dabei ertappst, wieder im Hamsterrad aus Angst, Stress und Kontrolle zu stecken, sage dir: »Stille ist der Schlüssel zu meinem Erfolg.«

Wunder-Botschaft #64:
Stille ist der Schlüssel zum Erfolg.
#DuBistDeinGuru

#65: MEDITIERE, UM AUSRASTER ZU VERHINDERN.

Bist du jemand, der erst zusammenbrechen muss, bevor ihm ein Durchbruch gelingt? Viele Jahre lang traf das auf mich zu. Bevor ich mit Kundalini-Meditation begann und mit meiner Energie stärker verbunden war, hatte ich einige gewaltige Ausraster. Mir standen zwar viele Hilfsmittel und Methoden zur Verfügung, um meine Gedanken in den Griff zu bekommen, aber mir fehlte es an Führung darin, mit den echt schwierigen Zeiten fertigzuwerden und es nicht zu Ausrastern kommen zu lassen.

Eine der besten Methoden, um Ausraster zu verhindern, besteht darin, deine Energie durch deinen Atem zu verändern. Alle 90 bis 120 Atemzüge wechselt die Dominanz des linken und rechten Nasenlochs. Um auf deine Gefühlslage effektiv Einfluss zu nehmen, kannst du mithilfe dieser Kundalini-Meditation die Nasenlochdominanz bewusst ändern. Bei dieser Übung wirst du angeleitet, darauf zu achten, welches Nasenloch dominant ist, sodass du, wenn du am Ausflippen bist, zum anderen Nasenloch wechseln kannst. Dadurch schaltest du die Dominanz von einer Gehirnhälfte auf die andere um, was dich befähigen wird, die Dinge aus einer anderen Perspektive zu betrachten.

Wenn du genervt, wütend oder in einem aufgekratzten Zustand bist, führe diese Meditation durch. In nur wenigen Minuten wirst du ein anderer Mensch sein.

Meditation, um Ausraster zu verhindern

Haltung: Sitze in der einfachen Haltung mit gerader Wirbelsäule.

Hände: Verschränke die Finger mit dem rechten Daumen obenauf. Berühre mit den Händen leicht den Körper in der Mitte des Zwerchfells (wie in der Abbildung zu sehen).

Augen: Schließe sacht die Augen.

Atem: Konzentriere dich auf deinen Atem und richte deine Aufmerksamkeit auf die Nasenspitze. Achte darauf, welches Nasenloch jetzt gerade dominant ist. Es kann ein paar Augenblicke dauern, bis du das herausgefunden hast. Sobald du weißt, welches Nasenloch dominant ist, richte deine Aufmerksamkeit darauf, die Seiten zu wechseln. Halte die Schultern nach unten und entspannt. Du kannst Druck in den Händen haben, aber nicht in den Schultern.

Ändere die Nasenlochdominanz, indem du abwechselnd durch das linke und das rechte Nasenloch atmest. Fahre damit so lange fort, wie du möchtest.

Setze diese Meditation immer ein, wenn es gilt, einen Ausraster zu verhindern. Man kann sie auch gut kleinen Kindern beibringen. Diese leichte Praxis wird ihnen im Laufe ihres Lebens ein effektives Werkzeug sein.

Wunder-Botschaft #65:
Atme inmitten eines Ausrasters
durch das Unwohlsein hindurch und du
kommst auf der anderen Seite heraus.
#DuBistDeinGuru

#66: »VERSTEHE DURCH MITGEFÜHL, SONST MISSVERSTEHST DU DIE ZEIT.«

Eines von Yogi Bhajans *Fünf Sutras für das Wassermannzeitalter* lautet: »Verstehe durch Mitgefühl, sonst missverstehst du die Zeit.« Mitgefühl können wir leicht aufbringen, wenn wir Menschen leiden sehen. Aber wie sieht es mit Mitgefühl mit Menschen aus, die uns ungerecht behandelt haben?

Das ist eine schwierige Aufgabe. Es ist nicht leicht, Mitgefühl mit jemandem zu haben, der dich schlecht behandelt, missbraucht oder dich auf irgendeine Weise angegriffen hat. In manchen Fällen scheint es unmöglich zu sein. Wenn wir schlecht behandelt werden, ist Mitgefühl oft das Letzte, woran wir denken. Aber um unser Glücklichsein und der Gesundheit der Welt willen müssen wir alle lernen, uns in diesen chaotischen Zeiten auf Mitgefühl zu stützen.

Was mich betrifft, so weiß ich, dass es sehr leicht ist, Mitgefühl mit Menschen zu haben, die sich abquälen. Mein Herz öffnet sich weit für jeden in Not. Aber in dem Augenblick, indem jemand mir ein Leid angetan hat, fällt es mir sehr schwer, meine Mitgefühl-Muskeln in Anspruch zu nehmen, um die Negativität zu beseitigen und meinen Frieden wiederherzustellen. In solchen Situationen möchte ich zurückschlagen, um mich vor Kränkungen zu »schützen«. Aber wenn ich den Drang, mich auf irgendeine Weise zu rächen, verspüre, bete ich um Mitgefühl. Dazu nehme ich dieses Gebet aus *Ein Kurs in Wundern*: »Ich kann mein Gefühl der Depression, der

Beklommenheit oder der Sorge durch Frieden ersetzen.« Diese sanfte Erinnerung öffnet die Tür für Mitgefühl. Vergiss nicht: Mitgefühl ist nicht etwas, das wir erzeugen. Es ist etwas, das wir erleben. Wenn wir unser Herz öffnen und unseren Groll überantworten, kann echtes Mitgefühl hervortreten.

Ich glaube, dass Yogi Bhajan uns anleitete, Mitgefühl als unser wichtigstes Hilfsmittel in dieser auf Angst basierten Zeit einzusetzen. Seine Hoffnung war es, dass wir uns in der anderen Person sehen können und zulassen, dass Mitgefühl die Energie ist, durch die wir uns durch unsere Beziehungen und Handlungen bewegen. Wenn mehr Menschen von einem Ort des Mitgefühls agieren, wird es keinen Platz mehr für Krieg, Hass und Angriff geben. Es wird Frieden herrschen.

Wunder-Botschaft #66:
Verstehe durch Mitgefühl, sonst wirst du
die Zeit missverstehen. – Yogi Bhajan
#DuBistDeinGuru

#67: »FÖRDERE DAS, WAS DU LIEBST, STATT SCHLECHTZUMACHEN, WAS DU HASST.«

Eines Nachmittags scrollte ich durch meinen Twitter-Feed, wobei ich auf einen fantastischen Beitrag von meinem Freund Jordan Bach stieß. Jordan ist ein bekannter Blogger und setzt sich für Schwule ein. In seinem Post hieß es: »Fördere das, was du liebst, statt schlechtzumachen, was du hasst.« Ich antwortete sofort auf den Post. Jordan ist wie so viele andere Opfer von Angriffen und Gespött im Web. Er widmet sein Leben und seinem Beruf der Verbreitung von aufbauenden Botschaften an die Schwulengemeinde. Obwohl seine Absichten als Blogger mit Liebe unterstützt werden, wird er noch immer dafür online verspottet. Auch wenn das sehr schmerzhaft und ärgerlich ist, hat ihn das nicht davon abgehalten, seine Botschaft zu verbreiten.

Ich glaube, der beste Weg, um Angriffe und Negativität zu bekämpfen, ist, mehr Liebe zu verbreiten. Statt das Opfer von Gespött zu sein, entscheide dich dafür, ein Zeichen der Liebe zu setzen. Gandhi bezeichnete sich selbst als einen »spirituellen Soldaten, einen Soldaten des Friedens«. Warum können wir nicht angesichts von Konflikten auf unseren inneren Gandhi zurückgreifen? Heutzutage gibt es so viel Negativität in der Welt, und um die Energie in Balance zu bringen, müssen wir unseren inneren Gandhi anzapfen und uns dafür entscheiden, ein Soldat für Frieden zu sein.

Übernimm Verantwortung für die Auswirkungen, die dei-

175

ne Energie und deine Absichten auf die Welt haben. Wenn du jemand bist, der schnell verurteilt und ablehnt, gemeine Kommentare im Web hinterlässt oder keine Mühen scheut, um andere niederzumachen, dann ist es Zeit, dir genau anzusehen, welchen Beitrag deine Energie zur Welt leistet. Du hast die Fähigkeit, dich selbst und andere zu erbauen, wenn du dich dafür entscheidest. Triff eine kluge Entscheidung.

Lass Jordans Botschaft unsere Hymne sein. Stell dir vor, was geschehen würde, wenn jeder einfach fördert, was er liebt, statt schlechtzumachen, was er hasst? Die Welt würde ein freudvoller und absolut cooler Ort sein.

Gehe diese Verpflichtung in deinem Leben ein. Und wenn du noch einen Schritt weitergehen willst, dann teile die Wunder-Botschaft mit deiner Social-Media-Gemeinschaft und sei bereit für eine neue Seinsweise.

Wunder-Botschaft #67:
Fördere, was du liebst, statt schlechtzumachen,
was du hasst. – Jordan Bach
#DuBistDeinGuru

#68: WERDE MIT DEN GEGNERN FERTIG.

Vor zwei Jahren wurde bei meiner Freundin Marie metastatischer Brustkrebs im Stadium IV diagnostiziert. Seit dieser Diagnose nimmt sie schulmedizinische und holistische Behandlungsmethoden für ihre Gesundheitsversorgung in Anspruch. Viele Leute in ihrem Leben missbilligen ihre Entscheidung, was sie verängstigt und verunsichert. Obwohl Marie glaubt, auf dem richtigen Weg zu sein, kann sie sich nicht des Einflusses der Gegner in ihrem Leben erwehren.

Jeder von uns hat mit seinen eigenen Gegnern zu tun. Der Umgang mit Gegnern kann schwierig sein, sei es ein Familienmitglied, das versucht dich zu überreden, deiner beruflichen Leidenschaft nicht zu folgen, oder ein Freund, der deine Überzeugungen infrage stellt. Ich stelle oft fest, dass Leute sich gegen Widerstand zur Wehr setzen – aber das verschlimmert alles nur noch.

Das Wichtigste für dich ist jetzt, dass du von dem, was du tust, überzeugt bist. Deine Überzeugung wird deine Absichten enorm unterstützen. Während du deiner Idee, deinem Traum oder deinem Ziel eine konkretere Form gibst, ist es äußerst wichtig, dass du deine Überzeugung stärkst. Und je stärker dein Glaube an deine Träume wird, auf umso weniger Widerstand von anderen wirst du stoßen. Es gibt ein paar wichtige Methoden, wie du deine Energie schützen und deinem Glauben treu bleiben kannst. Die folgenden drei Tipps werden dir außerordentlich nützlich sein, wenn andere sich dir und deinem Weg entgegenstellen.

1. Es ist hilfreich, von Gesprächen mit Gegnern loszukommen – und falls möglich nicht zu erwähnen, was du vorhast. Wenn Leute dich nach deinen Plänen fragen, geh nicht in die Details. Schütze deine Energie und deine Überzeugungen um jeden Preis.
2. In der Stille liegt die Kraft. Wenn du deine Träume ausbrütest, versuche, sie für dich zu behalten, während du ihnen Substanz verleihst, an den Einzelheiten feilst und ihnen Leben einflößt.
3. Rede erst darüber, wenn du fest davon überzeugt bist. Wenn irgendwelche Ängste deine Überzeugungen umgeben, dann räume sie erst aus dem Weg, bevor du deine Pläne mit anderen teilst. Andere Leute werden deinen inneren Widerstand widerspiegeln. In dem Moment, in dem du dich mit deiner Entscheidung energetisch verbunden fühlst, weißt du, dass du sie teilen kannst. Wenn du fest daran glaubst, was du tust, werden andere dir diesen Glauben widerspiegeln.

Wunder-Botschaft #68:
Erkenne deine Träume an,
und sie werden anerkannt werden.
#DuBistDeinGuru

#69: DU KANNST ALLES HABEN – ZUR RECHTEN ZEIT.

Ich hatte das Privileg, eine von Arianna Huffington ausgerichtete Frauenkonferenz zu besuchen, auf der ich von einigen der erfolgreichsten Frauen in den USA umgeben war. An jeder Podiumsdiskussion nahmen CEOs, prominente Nachrichtensprecherinnen, Filmregisseurinnen, Reporterinnen und so weiter teil – die alle auch Mütter waren. Alle Frauen sprachen offen darüber, wie schwer es sei, die Balance zwischen erfolgreicher Karriere und Privatleben zu finden. Es gelang ihnen zwar irgendwie, alles zusammenzuhalten, aber wie jeder Mensch, der ein arbeitsreiches Leben führt, waren sie gestresst.

Bei einer ehrlichen Diskussion über Stress gaben alle Podiumsgäste eine Menge konstruktive Handlungshilfen weiter. Ein Thema, das während der ganzen Veranstaltung aufkam, war die Tatsache, dass du wirklich »alles haben« kannst, aber nicht alles gleichzeitig. Diese Idee fand bei mir großen Widerhall. Ich habe mich immer gefragt, wie jemand wohl »alles« hinkriegen kann. Hier war die Antwort! Diese Botschaft erfüllte mich mit Hoffnung. Sie half mir zu erkennen, dass ich zu verschiedenen Zeiten in meinem Leben meine Aufmerksamkeit darauf richten konnte, was in dem Augenblick wichtig war, statt zu versuchen, alles auf einmal zu sein.

Wenn du jemand bist, der von der Vorstellung, dass du »alles haben« musst, überfordert wird, ist dieses Prinzip genau richtig für dich. Einige von euch sind anfangs vielleicht mit diesem Konzept nicht im Einklang. Ich postete es auf meiner Facebook-Seite. Einige Leute meinten, dass sie glaubten, dass das Universum voller Überfluss sei und dass sie es verdienten, alles zu haben, und zwar JETZT. Auch wenn ich zustimme, dass das Universum reich ist und darauf ausgerichtet, uns jederzeit zu dienen, gibt es eine Menge zum Timing zu sagen. Ich glaube, dass das Universum immer zu unseren Gunsten tätig ist – aber ich glaube nicht, dass es immer in unserer Zeit tätig ist. Es ist wichtig, dass wir als Menschen auf einem spirituellen Weg akzeptieren, dass das Universum einen Plan verfolgt, der viel größer ist als unserer. Wenn wir uns also leiten lassen, uns auf unterschiedliche Stärken zu verschiedenen Zeiten zu konzentrieren, dann müssen wir mit dem Strom schwimmen, statt gegen den Strom anzukämpfen. Wenn wir auf das zuströmen, was funktioniert, statt zu forcieren, was nicht funktioniert, lassen wir uns vom Universum zu dem führen, was unserem höchsten Wohl dient.

Wunder-Botschaft #69:
Du kannst wirklich alles haben –
nur nicht alles gleichzeitig.
#DuBistDeinGuru

#70: FINDE SPIRITUELLE BESTE FREUNDE.

Als ich heranwuchs, fühlte ich mich nicht verstanden. Ich hatte eine Hippie-Mutter, die mich auf ihrem spirituellen Weg mitnahm; während wir Aschrams besuchten, gingen meine Klassenkameradinnen ins Kino. Wie du dir vorstellen kannst, leuchtete das meinen pubertierenden Altersgenossinnen keineswegs ein. Ich fühlte mich oft allein und kam mir ein bisschen schräg vor, weil ich solch einem unkonventionellen Weg folgte.

Aber als ich Mitte zwanzig war und mich ganz meiner eigenen spirituellen Praxis hingab, fiel mir auf, dass ich überhaupt nicht allein war. Ich zog schnell eine Gruppe von spirituellen »besten Freunden« an, ein wahres Kraftpaket, und sie alle sind bis auf den heutigen Tag meine besten Freunde geblieben. Diese immer größer werdende Gruppe besteht aus Leuten, die auf Worte Taten folgen lassen, ihre Kernüberzeugungen teilen und sich gegenseitig in ihrem Wachstum unterstützen. Während ich meine spirituelle Praxis vertiefe, sind diese spirituellen besten Freunde an meiner Seite und begleiten mich durch unangenehme Wachstumsschübe und bahnbrechende Momente hindurch. Ich kann mir ein Leben ohne diese spirituelle Gruppe nicht vorstellen.

In meinen Workshops und Vorträgen höre ich oft Leute sagen, dass sie sich auf ihrem spirituellen Weg allein fühlen. Ich sage ihnen, dass ihr Gefühl der Isolation eine Wahrnehmung ist, für die sie sich entschieden haben. Unser Ego liebt es, uns davon zu überzeugen, dass wir abgetrennt, zu speziell und allein sind. Solche Leute sagen oft Dinge wie: »Niemand versteht mich.« Oder: »Meine Familie und Freunde sind nicht auf derselben Wellenlänge wie ich.« Wonach diese Leute sich am meisten sehnen, ist ein spiritueller bester Freund.

Wenn du dieses Buch liest, befindest du dich wahrscheinlich auf einem Weg voller neuer Entdeckungen und du hast dein Herz und deinen Geist für neue Wahrnehmungen und Sichtweisen geöffnet. Sich auf diese Reise einzulassen kann sich einsam anfühlen, wenn du dich dafür entscheidest, dass es so sein soll. Die Betonung liegt auf dem Wort »Entscheidung«. In diesem Augenblick kannst du dich entscheiden, dich selbst als getrennt und isoliert wahrzunehmen. Heutzutage wird der spirituelle Chor immer lauter. Dieses Prinzip besagt also, darauf zu vertrauen, dass es dort draußen auch für dich eine Kraftgruppe gibt.

Um einen spirituellen besten Freund in dein Leben zu ziehen, befolge diese drei Schritte:

1. Erstens, verändere deine Wahrnehmung. Wenn du herumläufst und dich beklagst, dass dich niemand versteht, dann wirst du auch keinen Menschen anziehen, der dich versteht. Ändere diese Aussagen und sage, dass du bereit bist, dich mit Gleichgesinnten zusammenzutun.
2. Als Nächstes fängst du an, darum zu beten, dass deine spirituellen besten Freunde zu dir geführt werden. Vertraue darauf, dass auch sie auf dich warten und dass sie deinen Ruf hören werden, sobald du Platz geschaffen hast, um ihnen zu begegnen. Du kannst jetzt sofort das Gebet sprechen: »Ich heiße spirituelle beste Freunde in mein Leben willkommen.«

3. Schließlich habe keine Angst davor, Kontakte knüpfen. Wenn du eine Frau bist, kannst du m Network-Site und digitale Schwesternschaft, .. com, aufsuchen. Oder gehe auf meine Facebook-Fan-Seite. Ich höre oft, dass Leute sich auf HerFuture oder meiner Fan-Seite kennenlernen und für immer spirituelle beste Freunde bleiben. Onlinebeziehungen können gleicherma-ßen fest und dauerhaft sein.

Finde deine spirituelle Gemeinschaft. Öffne deinen Geist, deine Seele und deinen Social-Media-Stream, um deinen spi-rituellen besten Freund zu finden.

Wunder-Botschaft #70:
Um auf meinem Weg der Persönlichkeits-
entwicklung weiterzukommen, bitte ich meine
spirituellen besten Freunde um Hilfe.
#DuBistDeinGuru

#71: AUSRUHEN, ENTSPANNEN, ERNEUERN.

Millionen von Menschen leiden an Schlaflosigkeit oder Durchschlafstörungen. Irgendwann haben wir alle schon mal die Erfahrung gemacht, wie es ist, eine schlaflose Nacht zu verbringen. Über 60 Prozent der US-Amerikaner schlafen zu wenig!

Bei Technik #10 haben wir darüber gesprochen, dass Schlaf eine spirituelle Praxis ist. An diesem Punkt in deiner Praxis weißt du, dass Schlaf sehr wichtig für deine Gesundheit ist. Wenn du nicht ausreichend schläfst, erhöht dein Körper den Stresshormonspiegel und den Blutdruck, was zu Herzerkrankungen, Fettleibigkeit und Depressionen führen kann. Seit Herbert Bensons Buch *The Relaxation Response* (dt.: Gesund im Stress. Eine Anleitung zur Entspannungsreaktion) wissen wir, dass, wenn wir unserem Körper keine Ruhe gönnen, er seine natürlichen Selbstheilungskräfte nicht aktivieren kann. In der Zeit, in der wir schlafen, hat der Körper Gelegenheit, sich zu erholen.

Wenn dein Körper sich nicht mehr erholen kann, fühlst du dich nicht nur krank, sondern auch blockiert. Dein Energiefeld ist geschwächt, wodurch sich deine Kraft-präsenz verringert. Um deine Energie, Vitalität und Gesund-heit neu auszurichten, stelle ich dir eine effektive Kundalini-Übung vor, die dir helfen wird, deine Schlafmuster wieder herzustellen.

Yoga Nidra oder yogischer Schlaf ist eine tief entspannende Meditationspraxis, die Körper und Geist regeneriert. Sie soll das sympathische und parasympathische Nervensystem ins Gleichgewicht bringen, körperliche Verspannungen lösen, die Gehirnwellenaktivität verlangsamen und die beiden Gehirnhälften ausbalancieren. Yoga Nidra wird oft als »Schlaf mit Achtsamkeit« bezeichnet, weil du dich in einen Raum der Tiefenentspannung begibst, ohne einzuschlafen.

Um zu dieser Erfahrung zu kommen, folge meiner geführten Meditation, die dir helfen wird, bewusst und präsent zu bleiben, während du deinen Körper entspannst. Beobachte, wie dein Geist umherschweift, und führe ihn dann sanft und liebevoll zur Meditation zurück.

Beginne die Übung, indem du dich bequem auf den Rücken legst. Du kannst dich mit einer Decke zudecken, falls dir kalt ist. Lade meine Yoga-Nidra-Meditation von Gabbyb. tv/Miracles-Now herunter. Höre die Meditation und tue dein Bestes, um wach zu bleiben, während du deinen ganzen Körper entspannst. Während du meiner Anleitung zuhörst, bestimme jeden Körperteil und bleibe während der Übung präsent. Du kannst auch die folgende Anleitung lesen, um dich selbst durch die Meditation zu führen, oder einen Freund/eine Freundin bitten, dies für dich zu tun. Praktiziere Yoga Nidra eine bis 11 Minuten lang.

Lege dich flach auf den Rücken, deine Arme dabei mit nach oben zeigenden Handflächen an den Seiten ausgestreckt (oder was immer sich am bequemsten anfühlt).

Schließe die Augen.

Fasse einen klaren, eindeutigen Vorsatz.

Nimm ein paar tiefe Atemzüge und betone dabei das Ausatmen.

Fang mit der rechten Seite an und lass deine Wahrnehmung in recht schneller Folge durch alle Teile deines Körpers kreisen, Glied für Glied.

Werde dir jedes Fingers bewusst, der Handfläche, des Handrückens, der Hand als Ganzes, des Unterarms, des Ellbogens, des Oberarms, des Schultergelenks, der Schulter, des Nackens, jedes Bereiches des Gesichts (Stirn, Augen, Nase, Kinn und so weiter), des Ohrs, der Kopfhaut, des Halses, der Brust, des seitlichen Brustkorbs, des Schulterblatts, der Taille, des Bauches, des Unterleibs, der Genitalien, des Pos, der ganzen Wirbelsäule, des Oberschenkels, der Vorder- und Rückseite des Knies, des Schienbeins, des Fußknöchels, des oberen Fußbereichs, der Ferse, der Sohle und jedes Zehs.

Sei dir deines Körpers als Ganzes bewusst.

Wiederhole dieses Kreisen der Wahrnehmung ein oder mehrere Male, bis du eine angemessene Tiefenentspannung erreicht hast, und beende dies immer mit einer den ganzen Körper umfassenden Wahrnehmung.

Sei dir des ganzen Körpers und des ihn umgebenden Raums bewusst.

Fühle die Stille und den Frieden.

Wiederhole deinen anfänglichen Vorsatz.

Bereite dich mental darauf vor, in das gewöhnliche Alltagsbewusstsein zurückzukehren.

Yoga Nidra schließt du ab, indem du ein paar Augenblicke lang die Finger bewegst, hole dann tief Luft und öffne die Augen.

Yoga Nidra zu praktizieren kann sich anfühlen, als würdest du ein langes Nickerchen machen, aber du bist trotzdem hellwach! Du bist erholt, aber bist nicht eingeschlafen und hast geträumt. Stattdessen hast du deinen Geist beruhigt und bist an einen überaus glückseligen Ort gelangt.

Wende Yoga Nidra immer an, wenn du dich unausgeschlafen fühlst. Wenn ich auf einer hektischen Lesereise bin oder durch die Staaten reise, bringt diese Übung mich durch.

Wunder-Botschaft #71:
Schlafe mit Achtsamkeit,
um dich zu entspannen und zu erneuern.
#DuBistDeinGuru

#72: LASS DAS UNIVERSUM SEIN DING DREHEN.

Meine private Coaching-Klientin Becky liebt es, jedes Detail ihres Lebens zu kontrollieren. Ihre Angst rührt größtenteils von ihrem Bedürfnis her, Resultate zu kontrollieren. Wenn sie eine Verabredung hat, ist sie darauf konzentriert, was nach dem Abendessen passieren wird. Wenn sie ein Ziel erreicht, richtet sich ihre Aufmerksamkeit sofort darauf, was sie als Nächstes erreichen muss. Dieses Verhalten hindert sie daran, ihr Leben wirklich zu erleben und zu genießen, was sie im gegenwärtigen Augenblick hat.

In einer unserer Sitzungen schlug ich Becky vor, einen Tag lang damit zu verbringen, sich voll und ganz zu überantworten. Und zwar sollte sie jedes Mal, wenn sie begann, in die Zukunft abzudriften, einen tiefen, langen Atemzug nehmen und sich sagen: »Ich lasse das jetzt los und lasse das Universum sein Ding drehen.« Der Atem ist ein wichtiger Bestandteil, damit dieses Prinzip funktioniert. Eine Affirmation kann deine Stimmung verändern, aber ein Atemzug kann dein Leben verändern. Diese Affirmation des Sichüberantwortens mit einem tiefen, langen Atemzug zu verbinden kann dich blitzartig zurück in den gegenwärtigen Augenblick bringen.

Obwohl es Becky zunächst widerstrebte, diese Übung durchzuführen, begann sie Augenblicke des Friedens zu erleben. Es half ihr, jeden Moment in sich aufzunehmen (selbst wenn dieser Moment wirklich nicht länger als eine oder zwei

Sekunden dauerte). In diesem Augenblick gelang es ihr, ihrem Bedürfnis, in die Zukunft abzudriften, nicht nachzugeben, und sie konnte einfach loslassen. Je öfter sie sich proaktiv darin übte, umso entspannter wurde sie. Im Laufe der Zeit spürte sie eine tiefere Verbindung mit der Energie um sich herum und sie genoss die Gegenwart in dem Wissen, dass das Universum sich um ihre Zukunft kümmerte.

Das Abdriften in die Zukunft blockiert uns alle auf irgendeine Weise. Wann immer wir uns darauf konzentrieren, was als Nächstes kommt, verpassen wir, was jetzt gerade passiert. Wenn du dich das nächste Mal dabei ertappst, wie du in die Zukunft abdriftest, dann mach einen JETZT-Urlaub mit einem tiefen, langen Atemzug und der Affirmation *Ich lasse das los und lasse das Universum sein Ding drehen*. Achte genau darauf, wie du dich nach dem Rezitieren dieser Affirmation fühlst, und genieße die wunderbare Führung, die du erhalten wirst.

Wunder-Botschaft #72:
Ich lasse los und lasse das Universum
sein Ding drehen.
#DuBistDeinGuru

#73: GIB DEINEM GEHIRN EINE PAUSE.

Die Vorstellung, zu entschleunigen, scheint oft verlockend zu sein – aber es kann auch schwer zu realisieren sein. Warum? Ganz einfach. Wir leben in einer so schnelllebigen Zeit. Versteh mich nicht falsch – ein tempogeladenes Leben zu führen ist nicht das Schlechteste (und eigentlich unvermeidbar in einer Stadt wie New York City). Aber sich die ganze Zeit mit Hochgeschwindigkeit durchs Leben zu bewegen kann zu einem Gefühl der Überforderung führen. Du endest nicht nur damit, weniger zu leisten, sondern bist auch noch angespannt und unruhig.

Paradoxerweise besteht das Geheimnis, mehr erledigt zu bekommen, einfach darin, zu entschleunigen. Ich meine damit nicht, dass du der Welt entsagen und den ganzen Tag meditieren sollst. Vielmehr rege ich dazu an, dass du dir Raum schaffst, um auf deine innere Kraft zurückzugreifen. Wenn du das tust, scheint sich die Zeit auszudehnen, und du wirst mehr leisten können. Mit diesem Prinzip wirst du deine Energie umlenken, und es wird dir helfen, ein inneres Gefühl von Kraft zu verstärken, um dein äußeres Leben sich entfalten, sich ausdehnen und fließen zu lassen.

Wenn du eine Menge um die Ohren hast, wird es dir schwerfallen, dich produktiv und im Frieden zu fühlen. Mein Freund Michael Eisen lehrte mich eine tolle Methode, um seine Energie zu erhöhen und sich mehr Zeit in seinem Tag zu verschaffen: Gönne deinem Gehirn regelmäßig eine Pause – achtsame Augenblicke, die deine Gedanken abschalten lassen. Tritt einfach mal vom Computer weg und unternimm einen Spaziergang (und nimm *nicht* dein Handy mit). Diese Pausen werden es dir ermöglichen, mental alles abzuschütteln und einen neuen Anfang zu machen, wenn du zu deiner Tagesroutine zurückkehrst.

Wunder-Botschaft #73:
Wenn du gestresst bist,
gönne deinem Gehirn eine Pause.
#DuBistDeinGuru

#74: HÖR AUF, SO VERDAMMT NEGATIV ZU SEIN.

Jede Woche verschicke ich ein Videoblog in meinem E-Mail-Newsletter. In den Videos gehe ich auf spirituelle Themen ein und biete Rat. Einmal verschickte ich ein Video mit dem Titel »Wie man mit negativen Leuten umgeht«. Wenige Minuten später erhielt ich eine E-Mail von einer Frau namens Kimberly. Sie schrieb: »Gabby, du musst ein Blog machen – WIE MAN AUFHÖRT, NEGATIV ZU SEIN! Mir haben schon so viele Leute gesagt, dass ich ein negativer Mensch sei. Ich will nicht mehr so sein! Was kann ich dagegen tun?!« Kimberlys Bitte um Hilfe beflügelte mich nicht nur, ein Video über dieses Thema zu machen, sondern sie regte mich auch dazu an, die Lösung in diesem Buch mitzuteilen. Negativ zu sein verringert deine Energie und verhindert eine authentische Verbindung mit anderen. Es erfordert Bereitschaft, wenn du deine niedrig schwingende Haltung umkrempeln willst, aber es ist zwingend notwendig, um ein wunderbares Leben führen zu können.

In Kimberlys Fall war sie an den Punkt angelangt, an dem sie nicht mehr (von anderen oder sich selbst) als »die negative Person« identifiziert werden wollte. Sie war bereit für eine neue Geschichte. Die gute Nachricht für sie war, dass die Geschichte jederzeit umgeschrieben werden kann. Es ist nie zu spät, die niedrig schwingende schlechte Haltung fallen zu lassen und neu anzufangen.

Der Prozess, deine Haltung zu ändern, verläuft sowohl bewusst als auch unbewusst. Auf der bewussten Ebene müssen wir das Problem anerkennen und überantworten. Auf der unbewussten Ebene müssen wir zulassen, dass eine spirituelle Transformation stattfindet. Aus der Sicht von *Ein Kurs in Wundern* besteht unsere Aufgabe, wenn wir die falsch gesinnte (auf Angst basierende) Wahrnehmung von etwas haben, darin, sie dem Heiligen Geist zu überantworten (alias inneren Führer), um sie für uns neu zu interpretieren. Wenn wir unsere auf Angst beruhenden Entscheidungen in die Obhut unseres inneren Führers geben, können wir loslassen und den Spirit sein Ding drehen zu lassen. Im *Kurs* heißt es: »Die Liebe wird unverzüglich in jeden Geist einkehren, der sie wahrhaft will.« Indem du also deine Negativität deinem inneren Führer überantwortest, gibst du zu verstehen, dass du stattdessen Liebe *willst*.

Wann immer du bemerkst, dass du in einer negativen Geschichte festhängst, finde mit einem Gebet dort hinaus. Bete um eine neue Wahrnehmung. Fordere in solchen Augenblicken, in denen du dich in der Spirale der Negativität verfangen hast, deinen inneren Führer auf, sich einzuschalten und deinen inneren Dialog für dich neu zu interpretieren. Und dann rechne damit, dass dein Wunsch, stattdessen Liebe zu sehen, alles ist, was du tun musst, um den Weg neuer Wahrnehmungen einzuschlagen. Vielleicht überkommt dich ein liebevoller Sinneseindruck. Oder vielleicht stellst du fest, dass du an diesem Tag Konflikten aus dem Weg gehst. Wie auch immer das Resultat aussieht, vertraue darauf, dass dieser Prozess dich aus deinem negativen Muster heraus- und in eine neue Seinsweise hineinführt.

Wunder-Botschaft #74:
Lege deine niedrig schwingende schlechte Haltung
in die Hände deines inneren Führers. Erwarte Wunder.
#DuBistDeinGuru

#75: MACH DEINEN DARM FREI, MACH DEIN LEBEN FREI.

Meiner Meinung nach steht unsere Darmtätigkeit im direkten Zusammenhang mit dem Fluss unseres Lebens. Irgendwelche Zweifel? Frage dich selbst, ob, wenn du dich total verstopfst fühlst, dein Leben nicht auch verstopft ist. Wenn du jeden Bereich deines Lebens frei machen willst, musst du dich auch wirklich mit *jedem* Bereich beschäftigen!

Es ist wichtig zu erkennen, dass dein körperliches Wohlbefinden sich unmittelbar auf dein Energiefeld auswirkt – und dass deine Energie deine wahre Macht ist. Sehen wir uns also mal genauer an, wie deine Darmtätigkeit den Fluss deines Lebens unterstützen kann.

Verdauungsprobleme rühren oft von unseren negativen Gedanken und unserer Unruhe her. Wenn wir bei Mahlzeiten (aus welchen Gründen auch immer) unruhig oder aufgeregt sind, kauen wir das Essen wahrscheinlich nicht langsam und gründlich, sodass es sich schwer verdauen lässt. Und wenn wir uns wegen des Essens, das wir zu uns nehmen, verurteilen, dann reichern wir es mit Negativität an. Wenn wir unser Essen mit negativen Schwingungen versetzen, haben wir große Mühe, es zu verdauen. Unser Körper verkrampft sich, und wir bekommen Verstopfung.

Eine wirkungsvolle Methode, die ich von einem meiner Kundalini-Freunde gelernt habe, ist, die Speisen vor dem Verzehr zu segnen. Mein Lehrer riet mir, ich solle mein Essen betrachten und sagen: »Ich liebe mein Essen; mein Essen liebt mich.« Dieser einfache Akt kann deine ganze Esserfahrung verändern. Du wirst die Vielfalt der Aromen wahrnehmen, du wirst viel langsamer und bewusster essen, du wirst dich nicht überessen und, was am wichtigsten ist, du wirst richtig verdauen. Dir einen Augenblick Zeit zu nehmen, um dein Essen zu segnen, kann deine Essmuster insgesamt verändern.

Verwende diese Übung, um deinen Geist frei zu machen, um deinen Darm frei zu machen und um dein Leben frei zu machen.

Wunder-Botschaft #75:
Ich liebe mein Essen; mein Essen liebt mich.
#DuBistDeinGuru

#76: LÖSE DEINEN ENERGETISCHEN SCHWITZKASTEN.

In Beziehungen verlieren wir oft den Überblick darüber, wie unsere Energie sich auf die andere Person auswirkt. Das trifft vor allem dann zu, wenn wir uns mit der Person verbunden fühlen. In manchen Fällen kann unsere übermächtige Energie – dieser unbewusste energetische Würgegriff, in dem wir die andere Person halten – Beziehungen zerstören oder Gelegenheiten vereiteln. Die Anfangsphasen einer Liebesbeziehung sind besonders anfällig, da du dir vielleicht nicht darüber im Klaren bist, wie die andere Person dich findet. Der energetische Schwitzkasten kann auch Arbeitsbeziehungen ersticken; denk mal an Situationen, in denen du unbedingt wolltest, dass ein Vorgesetzter dir zustimmt oder dass ein Kollege etwas erledigt. Wann immer wir uns in einer Beziehung gebunden oder bedürftig fühlen, haben wir wahrscheinlich die andere Person im energetischen Schwitzkasten.

Wie du inzwischen wahrscheinlich weißt, wird es dich nicht sehr weit bringen, jemanden im energetischen Schwitzkasten zu haben. Typischerweise ist diese Art von bedürftiger Energie ein gewaltiger Abtörner. Machen wir uns doch nichts vor: Wer möchte schon mit jemandem zusammen sein, der ihm mit seinen Schwingungen die Luft zum Atmen nimmt? Oder wer möchte jemand einstellen, der versucht, ein Resultat zu manipulieren?

Dies ist keine leichte Lektion. Viele Leute haben tief verwurzelte ängstliche Glaubenssätze wie »Ich bin wer ich nicht die Aufmerksamkeit von anderen geniei »Ich muss Kontrolle über das Resultat haben, um m zu fühlen.« Diese Glaubenssätze rühren von unserer Erziehung her, von alten traumatischen Erfahrungen, und einem tief liegenden Bedürfnis danach, uns sicher und geliebt zu fühlen. Es ist von entscheidender Bedeutung, die Tiefe dieser Glaubenssätze zu verstehen, um dein Verhalten ändern zu können.

Nimm dir einen Augenblick Zeit, um die Angst hinter deinem Bedürfnis, andere zu kontrollieren, zu bestimmen und aufzuschreiben. Bei mir war es: *Ich bin unvollständig ohne einen Liebespartner.* Dieser Gedanke machte mich in Liebesbeziehungen ausgesprochen kontrollierend, manipulativ und energetisch völlig gaga. Mein Ego überzeugte mich davon, dass ich ohne einen Partner nicht sicher sei und dass ich daher alles unternehmen musste, was erforderlich war, um eine Liebesbeziehung aufrechtzuerhalten. Als mir klar wurde, dass die Ursache für dieses Kontrollverhalten eine winzige fixe Idee war, war ich imstande, es zu überantworten.

Sobald du ein größeres Verständnis dafür hast, warum du das Bedürfnis verspürst, Menschen energetisch zu kontrollieren, kannst du den nächsten Schritt tun: Werde dir über das Gefühl hinter dem Kontrollbedürfnis klar. Empfindest du Panik? Ein Gefühl von Verlust? Anspannung in einem bestimmten Körperbereich? Nimm dir einen Augenblick Zeit, um das Gefühl zu beschreiben. Ordne dem Gefühl eine Farbe und eine Textur zu. Sei so anschaulich wie nur möglich. Das Gefühl, das du beschreibst, ist die alte Unsicherheit und Angst, die sich unter deinem Kontrollbedürfnis verbirgt. Weil dieses Gefühl nie geheilt wurde, glaubst du, die äußere Welt kontrollieren zu müssen, um zu vermeiden, es je wieder zu spüren.

Der Schlüssel, um dein Bedürfnis, andere energetisch zu kontrollieren, zu überwinden, ist, das Gefühl hinter dem

Kontrollbedürfnis zu heilen. Wann immer du bemerkst, dass dein Stresspegel steigt und sich Angst einstellt mit dem Bedürfnis, einen energetischen Würgegriff anzusetzen, ist der Augenblick gekommen, das Gefühl zu *spüren*. Atme 60 Sekunden lang in das Gefühl hinein, wo auch immer es in deinem Körper steckt. Vielleicht ist es ein Engegefühl im Bauch, ein Flattern in der Brust oder zusammengebissene Zähne. Lenke deinen Atem zu dieser Stelle, während du dir erlaubst, das Gefühl gefahrlos zu spüren. In dieser Minute kann sich deine Energie verändern, du kannst durch das Gefühl atmen und du kannst loslassen. Das Wunder des Loslassens tritt ein, wenn du zur Ursache des Problems gelangst. Das Ziel besteht nicht darin, dein gewünschtes Resultat zu erreichen – das Ziel ist Frieden.

Mach von dieser Übung Gebrauch, immer wenn du energetisch außer Kontrolle bist. Identifiziere das Gefühl, atme dort hinein und lass los. Setze diese Praxis fort, bis sie dir in Fleisch und Blut übergegangen ist.

Wunder-Botschaft #76:
Es ist hinderlich, sich darin hineinzusteigern,
was aus einer Beziehung wird.
Lass los und lass zu.
#DuBistDeinGuru

#77: MACH DIR DIE FÄHIGKEIT ZUR EMPATHIE ZUNUTZE.

Viele von uns, die sich zu dieser Art von Büchern hingezogen fühlen, werden als empathisch bezeichnet, ein anderer Begriff dafür ist »sensitiv«. Jemand, der empathisch ist, vermag die Energie der Leute um sich herum wahrzunehmen. Zu den markanten Merkmalen einer empathischen Person zählen die Fähigkeit, tief liegende Emotionen bei anderen wahrzunehmen, und ein starkes wissendes Gefühl. Diese Merkmale können sehr beeindruckend sein, wenn sie fein abgestimmt sind. Aber wenn empathische Personen sich ihres hohen Grads an Intuition und Empathie nicht bewusst sind, können diese Eigenschaften erdrückend und manchmal unheimlich sein.

Alles hat eine energetische Schwingung oder Frequenz. Ändern sich die Schwingungen, können empathische Personen diese Veränderungen mit ihren Sinnen wahrnehmen. Mit den richtigen Werkzeugen gerüstet, kann eine empathische Person Schwingungen in eine positive Richtung lenken. Es ist wichtig, dass du ein gesteigertes Bewusstsein deiner Empathie hast, damit du von den Emotionen der Welt nicht heruntergezogen wirst. Wenn du dich als empathisch einstufst oder gar dazu neigst, von der Energie negativer Worte, Nachrichten und Menschen beeinträchtigt zu werden, wird dieses Prinzip dich hervorragend unterstützen.

Wie kannst du diese Fähigkeit zum Heilen und nicht zum Schaden einsetzen? Zunächst einmal ist es wichtig zu verstehen, wie negative Schwingungen dich beeinträchtigen. Erstelle eine Liste von allen Situationen, die deine Energie senken. Wer ist daran beteiligt und was passiert? Dann verpflichte dich dazu, dich in solchen Situationen zu schützen.

Es gibt einige tolle Techniken, wie du deine Energie schützen kannst. Du kannst mit einem Gebet anfangen. Ich benutze dieses fabelhafte Energieschutz-Gebet, das ich von meinen spirituellen Mentoren in Brasilien gelernt habe. Sprich zu Gott, dem Universum, dem Spirit oder zu wem auch immer, wenn du betest. Sage laut oder zu dir selbst: *Ich danke dir dafür, dass du jegliche negative Energie, die ich vielleicht aufgefangen habe, entfernst, und ich danke dir dafür, dass du jegliche positive Energie, die ich vielleicht verloren habe, zurückbringst.* Diese Aussage verbreitet die Universelle Botschaft, dass an deiner Energie nicht herumgepfuscht wird. Du hast mehr Macht, als du denkst, also erinnere dich daran, dass du bestimmst, wo es langgeht, wenn es um die Art von Energie geht, die du aufnehmen willst.

Eine andere großartige Übung ist, dich selbst abzuschirmen, indem du dir einen Lichtkreis um dich herum vorstellst. Schließe die Augen und stell dir einen schönen Schild aus weißem Licht vor, der dich umgibt. Wenn du dich in einem Raum mit toxischer Energie befindest oder niedrigen Schwingungen vom Fernseher oder Radio ausgesetzt bist, kannst du mit diesem Schild dein Energiefeld schützen.

Als empathische Person kannst du, sobald du weißt, wie du dich selbst schützt, lernen, deine Fähigkeit auf positive Weise einzusetzen. Empathische Leute sind oft Problemlöser. Ihre gesteigerte Intuition hilft ihnen, Lösungen für Situationen, die ausweglos zu sein scheinen, zu präsentieren. Nutze diese Fähigkeit, um dir selbst und anderen zu helfen,

Frieden zu finden in Situationen, die nicht friedlich sind, und sei eine mächtige empathische Quelle in der Welt.

Wunder-Botschaft #77:
Empathie ist eine Tugend. Setze sie klug ein.
#DuBistDeinGuru

#78: KÜMMERE DICH UM DEINEN GEIST.

Yogi Bhajan sagte: »Wenn dein Geist dir folgen kann, ist das eine Gnade. Wenn dein Geist dir gehorcht, ist es eine ganz besondere Gnade.« Die Gnade besteht darin, dass du, wenn du lernst, deinen Geist zu beherrschen, nicht mehr von ihm beherrscht wirst. Du kannst mit deinem höheren Selbst die Richtung weisen, statt der niedrigen Führung deines Egos zu folgen. Wenn du deinen Geist beherrschst, kannst du erfahren, was in der yogischen Tradition als *Shuniya* bezeichnet wird.

Shuniya ist ein Bewusstseinszustand, in dem der Geist zur vollkommenen Stille gebracht wird. Wenn du diesen inneren Frieden kultivierst, wirst du mit physischen, emotionalen und spirituellen Wohltaten belohnt. Yogi Bhajan nannte Shuniya den erhabensten Bewusstseinszustand, in dem das Ego absolut still ist. In dieser Stille existiert Kraft. Wenn wir diesen Zustand der Stille, den »Nullpunkt« erfahren, können wir unseren projizierenden, meditativen Geist auf klare Absichten fokussieren und uns an die Kraftquelle des Universums anschließen.

Hört sich das ein wenig schräg an? Ich weiß, das Konzept des »Nullpunkts« scheint schwer verständlich zu sein, aber dieser Zustand ist in vollem Umfang erreichbar. Du kannst mithilfe einer Meditation, die »Kümmere dich um deinen Geist« (Dealing with Your Own Mind) heißt, Stille erlangen.

Innerhalb von Minuten kannst du großen Nutzen aus dieser Meditation ziehen. Wenn du deinen Geist nur für einen Augenblick zur Ruhe bringst, bist du der Erfahrung von Shuniya schon einen Schritt näher. Verwende diese Praxis, um Augenblicke der Stille zu erreichen oder um deine innere Bewusstheit zu steigern. Mach es zu einem täglichen Ritual.

Um mit dieser Praxis zu beginnen, nimm die einfache Haltung ein und halte die Wirbelsäule aufrecht. Schließe das rechte Nasenloch mit dem rechten Daumen und atme tief durch das linke Nasenloch ein. Atme vollständig durch den Mund aus.

Praktiziere diese Meditation sechs Minuten lang.

Um die Meditation abzuschließen, atme tief ein, verschränke deine Finger und strecke sie über den Kopf aus, die Handflächen zeigen nach oben. Halte den Atem 10 bis 15 Sekunden lang an, während du die Wirbelsäule nach oben streckst.

Wunder-Botschaft #78:
Deinen Geist zu beherrschen hilft dir,
das Geheimnis des Lebens zu entschlüsseln.
#DuBistDeinGuru

#79: VERSCHAFF DIR EINEN NATÜRLICHEN LIEBESRAUSCH.

Manchmal genügt schon eine alltägliche Geste, um ein schlechtes Verhalten aufzugeben und Glücklichsein hervorzurufen. Bestimmte Tätigkeiten aktivieren Oxytocin, auch als Liebes- oder Kuschelhormon bezeichnet, weil es bekanntlich Gefühle der Liebe und des Vertrauens auslöst und die Bindung zwischen Menschen stärkt. Wenn du dich irgendwie komisch fühlst, kann Oxytocin deine Stimmung umkehren, sodass du ein Gefühl stärkerer Verbundenheit empfindest, und deine Energie insgesamt wieder beleben. Es gibt ein paar natürliche Methoden, um den Oxytocin-Motor hochzudrehen, wenn deine Energie zu stottern anfängt. Diese tollen Tipps kannst du überall und jederzeit anwenden. Nimm dir eine Minute Zeit für ein Wunder und lass das Liebeshormon wirken.

Tipp 1: Lege eine Hand auf dein Herz. Meine Freundin Arielle Ford lehrte mich, dass du dadurch, dass du eine Hand auf dein Herz legst, das Liebeshormon stimulierst. Dieses sendet dann deinem Körper das Signal, dass er sich getrost beruhigen kann. Sobald du eine Hand auf dein Herz gelegt hast, atme darin hinein. Während du in dein Herz atmest, stell dir Gefühle der Liebe, des Mitgefühls und der inneren Ruhe vor. Arbeite proaktiv an deiner Heilung mit, indem du in dein Herz atmest.

Durch diese Übung wird die Ausschüttung von Oxytocin erhöht. Stress wird reduziert, da Oxytocin dazu beiträgt, den

Blutdruck und den Cortisolspiegel (sprich den Stresspegel) zu senken. Diese Angst auflösenden Wirkungen fördern Entwicklung, Heilung und im Großen und Ganzen Glücklichsein. Lege eine Hand auf dein Herz und komm von deinem Rappel runter.

Tipp 2: Umarme jemanden 20 Sekunden lang. Jawohl, so einfach ist das. Drücke einfach jemanden, den du liebst, ein wenig an dich und lass es nachklingen. Stell sicher, dass die Umarmung erwidert wird. Es ist wichtig, dass die Geste ein Gefühl der Verbundenheit hervorruft, um die Oxytocinproduktion anzuregen. Umarme deinen Geliebten, deine beste Freundin oder sogar dein Haustier. Die wonnige Verbindung zwischen zwei Lebewesen kann die Stimmung vollkommen verändern.

Tipp3: Zeige deine perlweißen Zähne. Ein echtes, aufrichtiges Lächeln erzeugt ein Gefühl der Verbundenheit. Lächele Leute an, die du kennst, und tue dir keinen Zwang an, wahllos Passanten auf dem Bürgersteig anzulächeln. Drücke einfach eine authentische, herzzentrierte Anmut durch die großzügige Geste eines Lächelns aus. Und in null Komma nichts wirst du einen Liebeskick verspüren.

Liebe muss nicht von einem Liebespartner oder einem Familienmitglied kommen. Liebe kann sich aus jeder Form von authentischer Beziehung ergeben. Nimm dir Zeit in deinem Leben, um solche Beziehungen herzustellen, und vertraue darauf, dass du nicht nur dir allein damit einen Dienst erweist, denn dadurch verbreitest du auch selbst die Liebe.

Wunder-Botschaft #79:
Liebe kann aus jeder Form von
authentischer Beziehung hervorgehen.
#DuBistDeinGuru

#80: DIE EIGENSCHAFTEN, DIE WIR BEI ANDEREN NICHT MÖGEN, SIND VERLEUGNETE TEILE UNSERES SCHATTENS.

Ich hatte einmal eine hitzige Auseinandersetzung mit einer Frau, die bei einer Autovermietung arbeitete. Sie stellte ihre Macht zur Schau und scheute keine Mühen, mir die Dinge zu erschweren. Meine Reaktion darauf war nicht so toll. Ich verspürte das Bedürfnis, mit meinem eigenen Machtspielchen zu kontern, indem ich drohte, ihren Manager zu rufen und mich zu beschweren. Und so geschah es dann auch.

Stunden später, nachdem ich der Unternehmenszentrale und dem Gebietsleiter gegenüber meinen Anspruch geltend gemacht hatte, fühlte ich mich nicht besser. Ich hatte geglaubt, dass mir eine Beschwerde darüber, wie schlecht ich behandelt wurde, helfen würde, über die Erfahrung hinwegzukommen. Merkwürdigerweise fühlte ich mich nur noch schlechter. Ich saß da mit diesem Gefühl und versuchte herauszufinden, was für eine Lektion ich hier zu lernen hatte. In der Stille hörte ich meine innere Stimme sagen: *Die Eigenschaften, die du bei dieser Person nicht magst, sind ein verleugneter Teil deines eigenen Schattens.* Diese Erklärung meines inneren Führers haute mich glatt um: Die Botschaft war so klar und sinnträchtig.

Ich ging der Sache weiter nach, um dahinterzukommen, was genau von dieser wütenden Angestellten beim Autoverleih meinen »verleugneten Schatten« reflektierte. Was war in mir, das verborgen und unterdrückt war? In stiller Kontemplation war ich imstande einzusehen, dass tief unten ein Teil von mir war, der die Situation und das Resultat kontrollieren wollte. Das war dieselbe Eigenschaft, die sie an den Tag gelegt hatte. Ihr tief verwurzeltes Bedürfnis, alles unter Kontrolle zu haben, lag mit meinem Bedürfnis, alles unter Kontrolle zu haben, gleichauf, und dann ging die Post ab.

Der entscheidende Punkt ist hier, dass selbst völlig Fremde uns Gelegenheiten bieten können, unsere Schattenseiten, die wir bisher lieber verborgen halten wollen, genauer unter die Lupe zu nehmen. *Ein Kurs in Wundern* lehrt: »Und doch ist es nur das *Verborgene*, das erschrecken kann, und nicht um dessentwillen, was es ist, sondern um seiner Verborgenheit willen.« Das Problem ist nicht das, was wir verbergen, sondern das, was anzugehen wir nicht bereit sind.

Wenn dich das nächste Mal jemand auf die Palme bringt, beobachte deine Reaktion und erinnere dich daran, dass *die Eigenschaften, die du nicht an ihm magst, ein verleugneter Teil deines Schattens sind*. Werde still und lass deinen inneren Führer dich lehren, was du freilassen musst. Sei bereit und willens, dein Ego näher zu betrachten, und lass die Leute überall in der Welt deine größten Lehrer sein.

Wunder-Botschaft #80:
Die Eigenschaften, die wir bei anderen nicht mögen,
sind ein verleugneter Teil unseres Schattens.
#DuBistDeinGuru

#81: FÄLLE ENTSCHEIDUNGEN LEICHT UND LOCKER.

Unser rationales Bewusstsein kommt oft unserer klaren Intuition in die Quere. Wenn eine Situation viele Variablen umfasst (oder die Risiken hoch zu sein scheinen), können uns dieses ganze Hin und Her und die inneren Wortgefechte in den Wahnsinn treiben. Viele von uns neigen obendrein dazu, die Dinge übermäßig zu analysieren, was alles nur noch schlimmer macht, denn dadurch schneiden wir unsere Verbindung zur Inspiration und Intuition ab. Wenn wir in Unentschlossenheit feststecken, forcieren wir oft eine Ant-wort. Aber dadurch, dass wir uns zu einer Entscheidung drängen, ist Reue gewöhnlich vorprogrammiert. Ideal ist es, Entscheidungen von einem Ort der Intuition und Kraft aus zu treffen.

Jeder Muskel in deinem Körper widersetzt sich einer Entscheidung – oder er bewegt sich mit ihr. Dein Gehirn kann dir Streiche spielen, aber deine Muskeln lügen nie. Wenn du wegen einer Entscheidung feststeckst, kannst du deine Optionen an deiner Muskelspannung testen, um zu sehen, mit welcher Richtung dein Körper einverstanden ist. Das wird als kinesiologischer Muskeltest bezeichnet, eine Technik, um Antworten von deinem Unterbewusstsein durch Muskelreaktionen zu erhalten.

Hier ist ein einfacher Muskeltest, den du jetzt sofort durchführen kannst. Beginne damit, dass du dir eine Frage überlegst. Eine Frage kann so banal sein wie »Sollte ich diese Pizza essen?« oder so wichtig wie »Ist es an der Zeit, meinen Job zu kündigen?«.

Sobald du eine Frage festgelegt hast, formuliere sie so um, als hättest du eine Entscheidung getroffen (»Ja, ich möchte ein Stück Pizza.« »Nein, ich bin nicht bereit, meinen Job zu kündigen.«).

Drücke die Spitzen des linken Daumens und des kleinen Fingers zu einer Art Ring zusammen (wie in der Abbildung zu sehen).

Greife mit dem Daumen und Zeigefinger der rechten Hand in den Ring und verhake die Finger ineinander (wie unten zu sehen).

Dann drücke den rechten Daumen und Zeigefinger gegen die Finger der linken Hand, die den Ring bilden.

Wenn der Ring leicht zu öffnen ist, bedeutet das, dass diese Entscheidung dich schwächt und dein Körper sie nicht unterstützt. Das ist ein klarer Hinweis, dass deine Antwort ein entschiedenes NEIN ist.

Wenn deine linken Finger fest zusammenbleiben, ist die Entscheidung, die du triffst, ein starkes JA.

Diese einfache Übung kann so viel mitteilen. Vertraue darauf, dass deine Muskeln nie lügen. Dein Ego widersetzt sich vielleicht den Botschaften, die du empfängst, aber tue dein Bestes, zu glauben, was dein Körper dir sagt.

Wunder-Botschaft #81:
Triff Entscheidungen von einem Ort
der Intuition und Kraft aus.
#DuBistDeinGuru

#82: TANZ NICHT UM DIE GRENZE DESSEN, DER DU SEIN MÖCHTEST, HERUM. STÜRZ DICH GANZ HINEIN.

Als ich 25 Jahre alt war, wurde ich ein Fan der spirituellen Lehrerin Marianne Williamson. Besonders eines ihrer Bücher traf mich direkt ins Herz: *A Woman's Worth* (dt.: Die Wiederentdeckung des Weiblichen). Nachdem ich es gelesen hatte, wurde ich mir einer Kraftquelle in meinem Inneren bewusst, von der ich zuvor überhaupt keine Ahnung gehabt hatte. Dieses hammermäßige Erwachen erfolgte nach der Lektüre des folgenden Absatzes:

Eine Königin ist weise. Sie hat ihre heitere Gelassenheit selbst erworben, sie hat sie nicht geschenkt bekommen, sondern ihre Prüfungen bestanden. Sie hat gelitten und ist dadurch schöner geworden. Sie hat bewiesen, dass sie ihr Königreich zusammenhalten kann. Sie wird als dessen Vision begriffen. Dinge, die wesentlicher sind als sie selbst, liegen ihr zutiefst am Herzen. Sie regiert mit echter Souveränität.

Zu der Zeit konnte ich nicht nachvollziehen, wie es sich anfühlen würde, »mit echter Souveränität zu regieren«, aber es hörte sich wirklich cool an. Ich wollte mich selbst als eine souveräne Frau wahrnehmen, aber tief in mir drin fühlte ich mich wie ein kleines, schwaches Mädchen, das seinen Selbstwert in äußeren Dingen sucht. Dieser Absatz half mir zu erkennen, dass es keine Abkürzungen auf dem Weg zu meiner echten Souveränität gab. Ich musste für die Lernaufgaben des Lebens aufkreuzen und meine Prüfungen bestehen, um all das loszulassen, das mich daran hinderte, mein höchstes Selbst zu sein.

Sobald ich bereit war, damit aufzuhören, nach *draußen* zu schauen, und stattdessen nach innen schaute, veränderte sich mein ganzes Leben. Ich fing an, mir *meine heitere Gelassenheit zu erwerben*, und lernte, meine Quelle des Friedens und der Kraft in einem inneren Zustand zu finden. Meine Bedürftigkeit schmolz dahin, meine Unsicherheit ließ nach, und meine Selbstzweifel verwandelten sich in Selbstbewusstsein.

Im Laufe der Zeit wurde ich eine Königin und heute lebe ich mit echter Souveränität. Auch du kannst mit echter Souveränität leben. Wenn du dich in irgendeinem Bereich deines Lebens nicht mehr ausgerichtet fühlst, verwende meine Methode, um deine Authentizität neu zu kalibrieren.

Hol dir dazu einen Stift und Papier und beschreibe den Unterschied, wie es sich anfühlt, in deiner Wahrheit zu sein, und wie es sich anfühlt, in deinem Ego zu sein.

Inwiefern handelst du anders, redest anders, denkst und atmest sogar anders? Achte genau auf die Unterschiede, wie du dich fühlst. Sei so präzise wie möglich – keine Handlung, keine Gewohn-heit, kein Wort ist zu unbedeutend, um es nicht zur Kenntnis zu nehmen.

Auch wenn diese Schritte fast unmerklich zu sein scheinen, kannst du darauf vertrauen, dass sie Transformationsprozesse in dir auslösen. Bleibe diesem Prozess verschrieben und fordere die Energie des Universums auf, deine Lernaufgaben und dein spirituelles Wachstum zu unterstützen. Vertraue darauf, dass deine echte Souveränität alles ist, was du brauchst, um dein Licht wahrhaftig mit der Welt zu teilen.

Wunder-Botschaft #82:
Tanz nicht um die Grenze der Person,
die du sein willst, herum.
Tritt voll und ganz ein.
#DuBistDeinGuru

#83: VERGEBUNG IST GLEICH FREIHEIT.

Als Schülerin von *Ein Kurs in Wundern* habe ich mich innerlich dazu verpflichtet, das V-Wort, das heißt Vergebung, zu praktizieren. Der *Kurs* hebt hervor, dass wir uns durch die Erfahrung der Vergebung mit unserer Wahrheit wiederverbinden können, die immer die Liebe ist. Die Trennung von der Wahrheit ist es, was uns in erster Linie so viel Schmerz bereitet. Wann immer wir uns dafür entscheiden, die Welt durch die Augen von Angriff, Verurteilung und Trennung wahrzunehmen, fühlen wir uns unbewusst schuldig, weil wir tief in uns wissen, dass wir der Liebe den Rücken zugekehrt haben. Vergebung befreit uns von der Schuld und bringt uns wieder in Einklang mit dem, was wir wirklich sind.

Die Idee von Vergebung ist zwar großartig, aber sie tatsächlich zu erfahren scheint schwierig zu sein. Viele Leute können nicht begreifen, wie es wäre, zu vergeben, weil sie sich ein Leben geschaffen haben, in dem sie ständig in der Defensive sind, um sich zu »schützen« – koste es, was es wolle. Wenn du auch jemand bist, der immer seine Boxhandschuhe trägt, wird es Zeit, diese Kampfhaltung aufzugeben. Die einzige Möglichkeit, wie du dich in deinem Leben wahrhaftig weiterentwickeln kannst, besteht darin, alle Spannung loszulassen, die dich daran hindert, dich von Liebe durchströmen zu lassen. Diese Spannung entstand dadurch, dass nicht vergeben wurde. Ich verstehe wirklich, dass es in vielen Fällen unmöglich erscheint, einer Person oder einer Situation zu vergeben, besonders wenn es sich um einen Akt handelt, der für dich sehr verletzend war. Wenn du verletzt wurdest, ist es ganz normal, dass du glaubst, deine Wut und deine Angriffsgedanken nicht loslassen zu können. Du bist überzeugt, dass dich deine Wut irgendwie beschützen, dich bewaffnen und dich stark machen wird. Aber in Wirklichkeit schwächen Wut und Groll dich, indem sie dich in dem vergangenen Schmerz verharren lassen.

Vergebung ist entscheidend für dein Glück. Es ist wichtig, dass du verstehst und einsiehst, dass Vergebung nicht für deinen Angreifer ist. Sie ist für dich. Durch Vergebung legst du die Boxhandschuhe ab und öffnest dein Herz für den Frieden.

Jetzt bereit, Wunder zu erleben? Befolge diese drei Schritte, um dich in Vergebung zu üben:

Schritt 1: Schreibe in dein Tagebuch eine Liste der Personen, denen du vergeben musst. (Vergiss nicht, gegebenenfalls dich selbst einzubeziehen.)

Schritt 2: Erkenne deinen Anteil an der Situation an. Auch wenn du vielleicht denkst, dass dir ein schweres Unrecht zugefügt wurde, hast auch du einen Anteil daran. Manchmal kann dein Anteil darin bestehen, dass du voller Groll warst. Oder vielleicht bist du zu lange in einer Beziehung geblieben. Wenn dir dein Anteil an der Situation nicht klar ist, nimm dir einen Moment Zeit, um dich zu fragen, wie du an deinem eigenen Unbehagen um die Situation herum beteiligt warst.

Schritt 3: Bete. Durch ein Gebet bitten wir einen unsichtbaren Lehrer um Hilfe. Nenn ihn Heiligen Geist, nenn ihn Gott oder nenn ihn Liebe. Der Name spielt keine Rolle. Was eine Rolle spielt, ist, dass du dich dafür entscheidest, dich an ihn zu wenden. Darauf zu vertrauen, dass eine Macht, die größer ist als du, in die Situation eingreifen kann, ist ein äußerst wichtiger Schritt im Vergebungsprozess. Dein rationales Be wusstsein hat überhaupt keinen blassen Schimmer, wie man wohl vergeben und loslassen könnte. Aber deine Intuition und dein höheres Bewusstsein haben den perfekten Plan. Vertraue diesem Plan und überantworte deinen Wunsch nach Vergebung durch ein Gebet.

Sprich einfach: »Innerer Führer, ich sehe ein, dass dieser Groll mir Schaden zugefügt hat. Meine Wut und meine Anhaftung sind mir nicht dienlich. Ich bin bereit zu vergeben. Zeige mir den Weg. Danke.«

Tue dir keinen Zwang an, andere Wörter für dieses Gebet zu wählen. Die Wörter sind nicht annähernd so wichtig wie deine Absicht, loszulassen.

Wunder-Botschaft #83:
Wenn du dich entwickeln willst,
musst du alle Vewrspannung loslassen,
damit Liebe dich durchströmen kann
#DuBistDeinGuru

#84: BEGINNE, WENN ES ZEIT FÜR DICH IST, UND DER DRUCK WIRD WEICHEN.

Du kennst vielleicht den Song »Age of Aquarius« (dt.: »Zeitalter des Wassermanns«) aus dem Musical *Hair*. Das Gerede über diese Ära nahm im Jahr 1969 noch mehr zu, als Yogi Bhajan in die USA zog, um die geheimen Lehren des Kundalini-Yoga zu verbreiten. Indem er Kundalini in den Westen brachte, wollte er uns auf das Wassermannzeitalter vorbereiten. Nun, inzwischen befinden wir uns im Wassermannzeitalter.

Aus der Astronomie weißt du vielleicht, dass die Erde sich auf einer Achse dreht. Die Linie, die sich durch das Zentrum des Planeten zieht, schwankt leicht; wenn die Achse sich verschiebt, bewegen wir uns auf ein neues Zeitalter zu, und zwar ungefähr alle 2000 Jahre. In den letzten 50 Jahren fand der Übergang von den Fischen in das Zeichen des Wassermanns statt. Offiziell begann das Wassermannzeitalter am 11. November 2011 oder 11/11/11. Vielleicht hast du gehört, dass das Datum 21. Dezember 2012 als offizieller Wendepunkt gilt. Aber ganz egal, welche Datierung du als Stichtag akzeptierst, wir sind jetzt einfach drin.

Im Wassermannzeitalter erleben wir eine ganz neue Dimension des menschlichen Potenzials und spirituellen Bewusstseins. Mit diesem Wechsel geht auch ein Gefühl einher, dass sich die Zeit beschleunigt. Viele Leute fühlen sich einem Dampfdrucktopf gleich, der kurz davor ist zu explodieren.

In dem Bestreben, uns auf diese turbulenten Zeiten vorzubereiten, hinterließ uns Yogi Bhajan fünf Sutras für das Wassermannzeitalter (wie sie bei früheren Prinzipien bezeichnet wurden). Das dritte Sutra, »Beginne, wenn es Zeit für dich ist, und der Druck wird weichen«, bietet uns großartige Führung in Bezug darauf, wie wir mit dem Druck, der in dieser Zeit herrscht, umgehen können. Diese Botschaft ermutigt uns dazu, mit der Energie zu gehen und jetzt aktiv zu werden. Wir befinden uns nicht mehr in einem Zeitalter, in dem wir uns verstecken, tiefstapeln und festhängen können. Wenn wir das tun, fühlen wir uns sehr unbehaglich.

Menschen haben oft Widerstände gegen Veränderung. Sie fühlen sich sicherer am selben Platz. Dieses Sutra soll uns dabei helfen zu akzeptieren, dass das Universum gleichbedeutend mit Veränderung ist und diese Veränderung ist wiederum konstant. Wir müssen Veränderung also bereitwillig annehmen und uns mit ihr bewegen. In dem Moment, in dem du den ersten Schritt tust, wird der Druck weichen.

Wunderbotschaft #84:
Beginne, wenn es Zeit für dich ist,
und der Druck wird weichen. – Yogi Bhajan
#DuBistDeinGuru

#85: INNIGE BEZIEHUNGEN KÖNNEN DEIN GRÖSSTES LERNMITTEL SEIN.

Innige Beziehungen können oft einen Weg der Offenbarung für persönliches Wachstum bereitstellen. In der Hitze des Gefechts, wenn alle Knöpfe gedrückt sind, kann es schwierig sein, die Lektion zu erkennen. Ob es dein Ehepartner ist, ein Elternteil, dein Kind oder gar der beste Freund oder die beste Freundin, du tust dich vielleicht schwer damit, durch Meinungsverschiedenheiten oder schwierige Phasen zu navigieren. Aber oft sind die Beziehungen, die uns das meiste zu bieten haben, diejenigen, die unser ganzes krasses Zeug ans Tageslicht bringen.

Wenn du in diesen Beziehungen keine Bereitschaft, dich weiterzuentwickeln, erkennen lässt, wirst du dich in einer negativen Spirale verfangen. Unsere Arbeit als spirituelle Schüler besteht darin, zu akzeptieren, dass die innigen Beziehungen in unserem Leben göttliche Lernaufgaben für optimales Wachstum und Heilung sind. Wenn wir Beziehungen auf diese Weise verstehen, können wir sie als Lernmittel nutzen statt als Todesurteil.

Yogi Bhajan sagte:

> Zwei Polaritäten verbinden sich, um durch dick und dünn zu gehen, in guten und in schlechten Zeiten an einem Strang zu ziehen. Aber heutzutage betrachten wir Beziehungen als etwas, wo wir nur in guten Zeiten zusammen-

bleiben. Wie kann es sein, dass du in einer Beziehung keine guten *und* schlechten Zeiten haben kannst?

Ich liebe diese Botschaft, weil sie uns die Erlaubnis gibt, einzusehen, dass es schlechte Zeiten gibt. Mit dieser Einsicht stellt sich Wahrheit und der Wunsch nach Wachstum ein. Statt zu erwarten, für alle Zeiten in Frieden zu leben, ist es unser Job, mit dem Chaos in Frieden zu sein.

Dieses Prinzip zielt darauf ab, deinen Wunsch geltend zu machen, in emotionsgeladenen Beziehungen Frieden zu finden. Ich habe festgestellt, dass die meisten meiner innigen Beziehungen die Teile von mir spiegeln, die ich nicht sehen will. Sie schubsen mich an den Rand meiner Komfortzone und fordern mich geradezu heraus, mich weiterzuentwickeln. Hier sind einige der Methoden, die ich empfehle, um mit den Herausforderungen in emotionsgeladenen Beziehungen klarzukommen.

Gestehe dir deinen Wunsch ein, recht zu haben. In dem Augenblick, in dem wir akzeptieren, dass wir lieber glücklich sind, als recht zu haben, sind wir befreit. Wenn du diese Entscheidung triffst, hast du die Wahl, nicht reaktiv zu sein. Statt in der Hitze des Gefechts auf deine typische Weise zu reagieren (die wahrscheinlich die andere Person wütend und alles noch viel schlimmer macht), tue einfach nichts.

Beispielsweise bin ich früher gleich in die Defensive gegangen und war reaktiv, wenn ich mit Problemen in Beziehungen konfrontiert war. Diese reaktive Energie brachte mir überhaupt nichts ein. Ich hatte schließlich so die Nase voll von mir, dass ich beschloss, mich zu ändern – eine proaktive Entscheidung zu treffen, statt Reaktionen zu erliegen. Ich tat also nicht, was ich immer tat, wenn ein Problem auftauchte, sondern entschied mich dafür, nichts zu tun. Ich entschied mich dafür, durch das Unbehagen zu atmen und still zu sein. In der Stille konnte ich meine Intuition vernehmen, die mir sagte, wie ich durch den Rest des Streites navigieren sollte, um schneller Frieden zu finden. Diese Übung kann bei der anderen Person vielleicht für Aufregung sorgen, weil sie erwartet, dass du wie gewohnt reagierst. Vertraue darauf, dass deine Stille nicht nur dir dienen wird, sondern sie wird auch dem anderen eine Gelegenheit geben, sich zu ändern.

Ein anderes nützliches Mittel, um auf die Energie einer supergeladenen Beziehung einzuwirken, besteht darin, zu akzeptieren, dass die andere Person eine völlig andere Auffassung von der Welt hat als du. Manchmal ist der Weg des geringsten Widerstands der, sich darin einig zu sein, dass man sich nicht einig ist. Der Dreh ist hier, die Meinung der anderen Person zu akzeptieren, selbst wenn sie grundverschieden von deiner ist. Das Ego eines jeden von uns sieht die Welt durch die Augen der Angst. Indem du die Tatsache akzeptierst, dass jeder Mensch seine eigene Angsterfahrung hat, gibst du dir selbst die Erlaubnis, dein Bedürfnis, recht zu haben, loszulassen, und ihr befreit euch gegenseitig.

Nutze diese Werkzeuge, um die rauen Kanten deiner innigen Beziehungen zu glätten, und vertraue darauf, dass sie göttliche Lernaufgaben für optimales Wachstum und Heilung sind.

Wunder-Botschaft #85:
Lass deine innigen Beziehungen
deine größten Lernmittel für
spirituelles Wachstum und Heilung sein.
#DuBistDeinGuru

#86: SEI UNBESCHWERT BEIM LERNEN.

Da wir uns dem Ende von *Du bist dein Guru* nähern, wird es Zeit, dass du deine tägliche Praxis bewertest. Obwohl du viele Hilfsmittel und Methoden an die Hand bekommen hast, ist vielleicht noch nichts davon haften geblieben. Es ist wichtig zu verstehen, dass du nicht alle diese Prinzipien sofort umsetzen musst. Dein Leben kann sich für immer verändern, wenn du dir einfach nur eine Methode vornimmst, von der du dann täglich Gebrauch machst. Wahre Veränderung rührt daher, dass neue und stärkende Aktionen täglich wiederholt werden. Auch wenn diese Aktionen noch so bescheiden sind, können sie trotzdem enorm förderlich sein.

Mach jetzt gleich eine Bestandsaufnahme der Übungen, die dir nützlich waren. Suche dir vielleicht eine aus, die dich zum gegenwärtigen Zeitpunkt sehr unterstützen kann, und verpflichte dich dazu, sie die nächsten 40 Tage einzusetzen. Das Wiederholen dieses neuen Verhaltens wird dir helfen, eine Veränderung herbeizuführen, die ein ganzes Leben lang anhalten wird.

Man kann sich schnell überfordert fühlen, wenn einem eine Menge solcher Hilfsmittel gegeben werden. Manche Leute werden sogar süchtig danach, und dann kriegt ihr Ego sie klein, indem es sagt, dass sie für ihre Persönlichkeitsentwicklung nicht genug tun. Ich verfolge den entgegengesetzten Ansatz. Ich glaube daran, dass kleine Veränderungen sich summieren. Ich glaube auch an Wiederholung. Es ist nicht nötig, Entwicklungen voranzutreiben, zu kontrollieren oder zu forcieren. Glaube einfach, dass echte Veränderung auf subtile Weise im Laufe der Zeit eintritt.

Wenn du versuchst, Resultate zu kontrollieren und deine spirituelle Entwicklung zu forcieren, wird es Zeit, dass du dich überantwortest und unbeschwerter beim Lernen wirst. Vertraue darauf, dass du nichts perfekt machen musst, und du musst auch nicht alles jetzt gleich machen. Widme dich einfach nur einer Sache auf einmal und lass das Universum das Sagen haben.

Während du mit den Techniken in diesem Buch weitermachst, kann auch die Praxis fehlerhaft werden. Nimm dir Zeit, greife noch mal frühere Übungen auf und suche dir vielleicht nur eine aus, auf die du dich 40 Tage konzentrierst. Dieses Buch ist nicht dafür konzipiert, dass du alles sofort umsetzen sollst. Es ist ein Lehrbuch für das Selbststudium. Vertraue deiner Intuition und lass dich von deiner inneren Stimme zu den Übungen führen, die für dich zum gegenwärtigen Zeitpunkt am besten sind.

Wunder-Botschaft #86:
Mach es dir einfach. Geh langsam vor.
Sei unbeschwert beim Lernen.
#DuBistDeinGuru

#87: VERTRAUE DEINEM BAUCHGEFÜHL.

Fällt es dir immer noch schwer, Entscheidungen zu treffen, selbst nachdem du den kinesiologischen Muskeltest durchgeführt hast (siehe Prinzip #81)? Manchmal kann unser Ego uns wirklich in die Quere kommen, wenn wir zu einem ehrlichen Schluss gelangen wollen. Wir können auch von den Meinungen anderer Leute abhängen. Obwohl der Muskeltest dir vielleicht eine gewisse Klarheit verschafft hat, musst du möglicherweise noch lernen, deinen intuitiven Muskeln stärker zu vertrauen.

Dieses Prinzip richtet sich an die starken Zweifler, die ein wenig extra Schwung in ihrem Entscheidungsfindungsprozess brauchen. Die Übung ist zwar ganz leicht, aber sie offenbart blitzschnell deine wahren Gefühle über eine Angelegenheit. Ruf sie dir ins Gedächtnis, wenn du im Sumpf einer Frustration steckst und absolut unfähig bist, eine Entscheidung zu treffen. Nach Stunden (oder Tagen oder Wochen) des Zögerns und Überanalysierens bringt diese flotte Übung dir Erleichterung und lässt dich vorankommen.

Nimm eine Münze aus deiner Brieftasche. Denke an die zwei Wahlmöglichkeiten, über die du dir den Kopf zerbrichst. Die erste Option ist Kopf und die zweite Zahl. Dann wirf die Münze. Frage dich sofort nach dem Münzwurf, wie du dich fühlst.

Bist du glücklich und begeistert von dem Urteil – oder nervös und erschrocken? Wie ist deine ehrliche Reaktion auf das Ergebnis deines Münzwurfes?

Wenn du diese Übung ernst nimmst, hast du wahrscheinlich eine wichtige Einsicht darin gewonnen, was du intuitiv willst und was nicht. Der Moment, in dem die Münze zu liegen gekommen ist, also entweder Kopf oder Zahl, war der Moment für dich, aufrichtig zu beurteilen, wie du über das Ergebnis gedacht hast. Diese ehrliche Antwort ist deine Wahrheit. Das überrascht dich vielleicht. Manchmal glauben wir, wir sollten uns ein bestimmtes Ergebnis aus welchen Gründen auch immer wünschen (es ist leichter, andere wollen es, es scheint eher »typisch« für uns zu sein und so weiter). Es fällt uns also schwer zuzugeben, dass wir eigentlich die andere Option wollen. Der Münzwurf lässt dich mental von der Entscheidung zurücktreten und bringt dich auf Abstand von dem ganzen analytischen Geschnatter, sodass du letzten Endes deine Instinkte erkennen kannst.

Nutze diese Methode, wann immer du Zweifel hegst, und du wirst lernen, deinem Bauchgefühl zu vertrauen.

Wunder-Botschaft #87:
Vertraue darauf, dass deine Reaktion
aus dem Bauch heraus die Wahrheit
unter der Oberfläche deiner Ängste ist.
#DuBistDeinGuru

#88: ÄNDERE DEINE STIMMUNG MIT EINEM RITUAL.

Meine Freundin Barbara Biziou ist die Königin der Rituale. Sie hat für alles ein Ritual! Barbara sagt: »Rituale geben unserem Leben Substanz und Bedeutung – sie werten tägliche Routinen auf, vergolden Meilensteine und führen uns durch schwierige Übergänge hindurch.« Jedes Mal wenn ich eines ihrer Rituale durchführe, fühle ich mich mit neuer Energie erfüllt, als ob ich die Reset-Taste gedrückt hätte.

Besonders ein Ritual finde ich sehr nützlich: das Ritual, um seine Energie zu verändern. Dank dieser einfachen Praxis kann ich in null Komma nichts meine Energie und meine Stimmung völlig umkrempeln.

Barbaras Ritual zum Ändern der Energie geht so:

Zerstoße ein paar schwarze Pfefferkörner in einem Gefäß und rieche daran. Schwarzer Pfeffer befreit sofort von Negativität, wehrt schlechte Schwingungen ab und schafft so mehr Raum in deiner Aura (die Aura ist ein Lebewesen umgebendes Feld aus leuchtender Energie). Du kannst auch reines ätherisches Öl vom schwarzen Pfeffer nehmen. Wenn du mehr Mut brauchst, trage ein paar Körner in einem Beutel bei dir – das hilft dir, wenn du Dingen entgegentreten musst, und verleiht dir zusätzliche Energie, um zu erledigen, was du eigentlich nicht tun willst.

Deine Augen sind geöffnet, während du ein paar tiefe

Atemzüge nimmst. Richte dich auf und zieh die Schultern zurück, während du tief atmest. Richte den Blick nach oben und nimm ein paar tiefe befreiende Atemzüge. Dies versetzt dein Gehirn in einen entspannenden Alphazustand.

Schließe jetzt die Augen und lass das Kinn senken, bis du bequem sitzt. Nimm ein paar tiefe Atemzüge und stell dir vor, dass du dich der Energie des Friedens und des Mitgefühls öffnen kannst. Stell dir vor, wie die Energie dich wie warmes wohltuendes Wasser durchströmt und die Mauer auflöst, die du errichtet hast, um dein inneres Licht zu schützen. Fasse die Absicht, dass nur das, was zu diesem Zeitpunkt ruhig aufgelöst werden kann, freigegeben wird. Es ist deine Entscheidung. Es ist so, als würdest du dich an eine kosmische Batterie anschließen. Öffne dich und lass dieses Kraftfeld dein ganzes Sein durchdringen.

Jetzt stell dir vor, dass dich ein unsichtbarer Umhang bedeckt. Nur gute und positive Energie kann hindurch, und du vermagst jetzt ohne Risiko deine wahre Essenz mit der Welt zu teilen. Versiegele diese Energie, indem du Lavendel-Räucherstäbchen verbrennst, getrockneten Lavendel räucherst oder dich mit reinem ätherischem Lavendelöl einreibst.

Dem Ritualneuling mag das wie Hexerei vorkommen, aber wenn du fest entschlossen bist, deine Energie zu verbessern, solltest du das ernst nehmen. Wann immer du ein Ritual durchführst, gibst du gegenüber dem Universum eine Erklärung ab, dass du bereit bist, dich zu ändern, zu wachsen und dich weiterzuentwickeln. Vertrau mir: Diese Erklärung wird gehört werden.

Wunder-Botschaft #88:
Mit Ritualen veränderst du die Energie und gibst
gegenüber dem Universum eine positive Erklärung ab.
#DuBistDeinGuru

#89: MACH GELD UND WIRKE WUNDER.

Im Zuge der weltweiten Wirtschaftskrisen nehmen finanzielle Ängste und Unsicherheit seit einiger Zeit sprunghaft zu. Als ich im Jahr 2013 mit meinem Buch *Könnte Wunder bewirken* auf Lesereise war, sprach ich mit so vielen Menschen, denen die Angst, nicht genug zu haben, die Kehle zuschnürte. Aber auch bei entspannter Wirtschaftslage können wir uns von unseren Gedankenmustern rund ums Geld in die Enge getrieben und panisch fühlen. Der einzige Weg durch die Angst hindurch ist, unsere Sichtweise bezüglich unserer Finanzen zu ändern.

Energie ist eine Währung. Wenn zu deiner Energie das Wesen des Überflusses gehört, erhöhst du deine Fähigkeit ungemein, mehr Überfluss zu empfangen. Yogi Bhajan drückte das am treffendsten aus: »Du rennst Reichtum und Ruhm und Glanz hinterher. Aber sie werden dir hinterherrennen, vorausgesetzt, du bist ein offener Kanal.« Wenn du deinen Kanal öffnest, um finanzielle Ängste loszulassen, wirst du zu der Einsicht gelangen, dass du nicht mit deiner Mangelmentalität identisch bist. Diese Übung wird dir helfen, deine kreative Fähigkeit, finanziellen Überfluss zu empfangen, auf Touren zu bringen.

Beginne, indem du aufrichtig deine finanziellen Ängste darlegst. Sprich bestimmt zu dir selbst in Gedanken oder laut oder schreibe alles auf. Nach dieser Bestandsaufnahme besteht der nächste Schritt darin, diese Ängste durch ein kraftvolles Gebet zu überantworten.

Gebet um Reichtum

Ich danke dir, Universum (oder Gott), dass du mir hilfst, meine Beziehung zum Geld neu zu interpretieren. Ich weiß, dass meine Mangelgedanken auf Angst beruhen, und ich bin jetzt bereit, sie loszulassen. Ich heiße neuen und kreativen Überfluss willkommen und ich werde auf die Führung, die ich erhalte, achten. Ich bin frei von finanzieller Angst.

Dann sitz in Meditation da und lass das Wunder geschehen. Du kannst der unten stehenden geführten Meditation folgen oder die Reichtums-Meditation auf Gabbyb.tv/Miracles-Now herunterladen.

Reichtums-Meditation

Atme tief durch die Nase ein und atme durch den Mund aus. Dehne beim Einatmen das Zwerchfell aus und ziehe es beim Ausatmen ein und nach oben. Vertiefe den Atem mit jedem Ein- und Ausatmen.

Rezitiere im Geiste beim Einatmen dieses Mantra:
Ich habe genug.

Beim Ausatmen sagst du: *Für mich wird gesorgt.*

Beim Einatmen: Ich weiß, es ist genug für alle da.

Beim Ausatmen: Ich lasse meine finanzielle Angst los und heiße ein Wunder willkommen.

Sprich dieses Mantra immer wieder vor dich hin, während du weiter ein- und ausatmest. Lass die Worte sich setzen und vertraue darauf, dass du zu neuen Sichtweisen geführt wirst.

Wunder-Botschaft #89:
Ich heiße Reichtum willkommen,
und ich werde auf die Führung,
die ich erhalte, achten.
#DuBistDeinGuru

#90: »›NEIN‹ IST EIN VOLLSTÄNDIGER SATZ.«

Mein lieber Freund Latham Thomas, Autor und Motivationssprecher, hat eine einfache, doch zugleich tief schürfende
Redensart, die mir gute Dienste leistet: »'Nein' ist ein vollständiger Satz.« Nein zu sagen kann zuweilen ganz schön
schwer sein, vor allem wenn du Angst hast, jemanden zu enttäuschen.

Obwohl ich stolz darauf bin, jemand zu sein, der klare
Grenzen setzt, so gerate ich doch manchmal in schwierige
Situationen, in denen es mir unangenehm ist, Nein zu sagen.
Das geschah erst kürzlich, als ich versuchte, mit Leuten, die
ich wirklich mag, ein Geschäft auszuarbeiten. Monatelang
hatten wir in unzähligen Telefonkonferenzen die einzelnen
Punkte des Deals überdacht und den Juristenjargon ausgebü-
gelt. Nach diesen ganzen Anstrengungen fühlte ich mich ge-
zwungen, mit dem Geschäft voranzukommen, obwohl sich
alles in mir dagegen sträubte. Logisch und spirituell gesehen,
schien das Geschäft einfach nicht stimmig zu sein. Die Worte
meiner Freundin Marie Forleo klangen mir in den Ohren:
»Wenn es kein klares Ja ist, dann ist es ein klares Nein.«

Wenngleich ich mir über meine Antwort absolut klar war,
verlor ich sie bei einer weiteren Telefonkonferenz mit dem
Team ganz aus den Augen. Während des Telefonats fiel mir
auf, dass ich nervös wurde und mich unwohl fühlte bei dem
Gedanken, sie alle im Stich zu lassen. Ich begann, ihrem Plan

zuzustimmen und als wir die Telefonkonferenz beendeten, war das Geschäft abgeschlossen – obwohl ich das gar nicht wollte.

Warum war es so schwer, Nein zu sagen? Nach einigem Nachdenken wurde mir klar, dass ich immer noch Probleme damit hatte, Leute im Stich zu lassen. Weil wir so viel Zeit damit verbracht hatten, die geschäftlichen Details auszuarbeiten, empfand ich ein falsches Gefühl von Verpflichtung.

Um dieses Unbehagen hinter mich zu bringen, setzte ich mich auf mein Meditationskissen und bat meinen inneren Führer, mir dabei zu helfen, voranzukommen. Nach ein paar Minuten Stille hörte ich die Stimme meines Freundes Latham in meinem Kopf sagen: *»Nein« ist ein vollständiger Satz.* Mein innerer Führer half mir zu erkennen, dass es kein Risiko war, Nein zu sagen. Vierundzwanzig Stunden später machte ich das Geschäft rückgängig.

Jeder von uns hat seine eigenen Probleme damit, das Wort »Nein« als einen vollständigen Satz zu verwenden. Viele Probleme rühren von einem gefälligen Verhalten und dem Bedürfnis nach Anerkennung und Bestätigung durch andere her. Wenn wir etwas tun, das nicht mit unseren grundlegenden Überzeugungen und Wahrheiten übereinstimmt, dann wird das niemals richtig funktionieren. Das zu erkennen, ist unsere Aufgabe. Und sobald wir das akzeptieren, erkennen wir, dass ein Nein oft die liebevollste Antwort ist.

Oft werden andere deinem Nein entgegenwirken, und manipulative Leute werden alles Mögliche unternehmen, um dein Nein in ein Ja zu verwandeln. Hüte dich vor ihnen und vertraue darauf, dass, je häufiger du das Wort »Nein« verwendest, es dir umso schneller in Fleisch und Blut übergehen wird.

Mach zunächst einmal eine Bestandsaufnahme von den Bereichen in deinem Leben, in denen du Ja sagst, obwohl du eigentlich Nein sagen willst. Liste auf, auf welche Weisen du es vermeidest, Nein zu sagen, und dann erläutere klar und deutlich, wie sich das auf deine Beziehungen und dein Glück auswirkt. Die folgenden Fragen helfen dir loszulegen:

- In welchen Fällen vermeide ich es, Nein zu sagen?
- Wie wirkt sich dieses Verhalten auf mich aus?
- Wie wirkt sich dieses Verhalten auf die anderen Beteiligten aus?
- Inwiefern hätte es mir und den anderen Beteiligten geholfen, wenn ich Nein gesagt hätte?

Nun, da du mehr Klarheit hast, wirst du dich im nächsten Schritt im Neinsagen üben. Wie bei allen Techniken in diesem Buch muss auch dieses neue Verhalten wiederholt werden. Statt zu versuchen, dir auszumalen, wie man perfekt Nein sagt, gewöhne dich einfach erst mal daran, auch wenn es anfangs unangenehm ist. Es kann sich schrecklich und beängstigend anfühlen, ein neues Verhalten an den Tag zu legen. Das ist aber völlig okay. Manchmal ist es der beste Weg, um sich durch seine Angst hndurchzubewegen, einfach aktiv zu sein. Je souveräner du dabei wirst, Nein zu sagen, umso mehr Leute werden dir dafür danken.

Wunder-Botschaft #90:
NEIN ist ein vollständiger Satz. – Latham Thomas
#DuBistDeinGuru

#91: MEDITIERE FÜR EIN BESSERES GEDÄCHTNIS.

Hast du manchmal das Gefühl, als wäre dein Erinnerungsvermögen total hinüber? Wenn du dich öfter an nichts mehr erinnern kannst, so ist das vermutlich eine Folge von Stress oder Informationsüberflutung. Auch Schlafmangel schadet unserem Gedächtnis. Angesichts unserer Terminpläne rund um die Uhr ist es kein Wunder, dass wir oft das Gefühl haben, als würden wir buchstäblich den Verstand verlieren.

Gedächtnisschwäche mag zwar beängstigend sein, aber sie kann auch wieder rückgängig gemacht werden. Stress ist die Hauptursache für Gedächtnisschwächen bei gesunden Menschen. Folglich ist Stressreduzierung der beste Weg, um dein Gedächtnis anzukurbeln und die Gesundheit deines Gehirns zu fördern. Am effektivsten kommst du von Stress los und gewinnst dein Gehirnschmalz zurück, indem du meditierst. Nach einer Studie von Forschern am Benson-Henry Institute for Mind Body Medicine im Massachusetts General Hospital werden durch Meditation die von Stress aktivierten Gene ausgeschaltet, wodurch unsere Gesundheit und Gehirnfunktion im Großen und Ganzen gestärkt werden.

Viele Kundalini-Meditationen zielen auf die Stärkung der Gehirnfunktionen ab, insbesondere eine Meditation, die Kirtan Kriya heißt. Zahlreiche Gehirntests und -scans brachten den Nachweis, dass Kirtan Kriya unglaubliche Wirkungen auf das Gehirn ausübt. In einer Untersuchung zeigte sich, dass sich bei Teilnehmern, die acht Wochen lang zwölf Minuten täglich meditierten, die geistige Klarheit erhöhte und sich bei bis zu 50 Prozent das Gedächtnis verbesserte.

Das Sanskrit-Wort *Kirtan* bedeutet »Lied«, und im Kundalini-Yoga wird mit *Kriya* eine bestimmte Bewegungsabfolge bezeichnet. Dieses Kriya ist wie eine Singmeditation. Beim Kirtan Kriya werden vier Töne wiederholt: *Saa, Taa, Naa, Maa*. Dieses Mantra soll dir wieder Auftrieb geben.

- **Saa** bedeutet Geburt oder Unendlichkeit.
- **Taa** bedeutet Leben.
- **Naa** bedeutet Tod oder Vollendung.
- **Maa** bedeutet Wiedergeburt.

Während du diese Töne chantest, berührst du (bei *Saa*) mit dem Daumen den Zeigefinger, dann den Mittelfinger (bei *Taa*), dann den Ringfinger (bei *Naa*) und schließlich den kleinen Finger (bei *Maa*).

Setz dich aufrecht auf den Boden oder einen Stuhl. Lege die Hände auf die Knie mit nach oben zeigenden Handflächen. Chante die Silben *Saa, Taa, Naa, Maa* – verlängere die Endung der einzelnen Töne bei der Wiederholung.

Du führst diese Meditation auf folgende Weise durch:

- zwei Minuten lang laut
- zwei Minuten lang flüsternd
- vier Minuten lang still im Geist
- zwei weitere Minuten lang laut

Du kannst dies so kurz wie eine Minute täglich oder so lang wie zwölf Minuten praktizieren. Zwölf Minuten täglich Kirtan Kriya können überdies die kognitiven Leistungen verbessern und Teile des Gehirns, die von zentraler Bedeutung für das Gedächtnis sind, aktivieren.

Es ist Zeit, dass wir unserem Gehirn eine Pause verschaffen, damit es sich von dem Bombardement mit Reizen erholen kann. Es ist wichtig, dass wir unser Gehirn genauso trainieren wie unsere physischen Muskeln. Benutze dieses Kriya, wenn dein Gehirn sich wie ausgeschaltet anfühlt und du einen Neustart benötigst. Wenn du mit dieser Meditation gut klarkommst, dann probiere sie mal 40 Tage lang aus und achte auf dein Gedächtnis und deine allgemeine Motorik.

Wunder-Botschaft #91:
Es ist wichtig, dass wir unser Gehirn
genauso trainieren,
wie wir unseren Körper trainieren.
#DuBistDeinGuru

#92: GIB DIR DIE ERLAUBNIS ZU FÜHLEN.

Die meisten unserer Probleme und Hänger haben ihre Ursache in nicht verarbeiteten Gefühlen. Unter jedem einschränkenden Glaubenssatz, negativen Muster, Angriffsgedanken und der Angst vor der Welt verbirgt sich ein Gefühl, das zur Heilung nicht an die Oberfläche gekommen ist. Statt diese Gefühle zu spüren, arbeiten wir hart daran, sie zu betäuben. Wir decken diese Gefühle zu mit Essen, Trinken, Arbeiten, Drogen, Tratschen, Klagen – und so weiter. Im Laufe der Zeit entwickeln sich unsere Versuche, diese Gefühle zu betäuben, zu Abhängigkeiten. Dann sind wir zwanghaft mit dem Suchtmuster beschäftigt, statt an die Wurzel des Problems heranzukommen, die der Schmerz ist, den wir nicht zum Ausdruck bringen.

In vielen Fällen sind sich Menschen nicht bewusst, dass sie ihre Gefühle nicht wahrnehmen. Als frühere Drogenabhängige habe ich das am eigenen Leib erfahren. In meinem ersten drogenfreien Jahr spürte ich Gefühle, von denen ich keine Ahnung hatte, dass es sie gab. Die meiste Zeit meiner Jugend hatte ich mit irgendeiner Art von Sucht all das zugedeckt, was zu fühlen mir Angst machte. Ob es sich um eine Liebesbeziehung handelte, meine berufliche Entwicklung, Drogen oder Alkohol – ich wich meinen Gefühlen aus. Sobald ich clean war, war alles, was mir noch verblieben war, meine Gefühle. Es war heftig, so viel so schnell zu spüren – aber es war auch die großartigste Heilung, die ich je erlebt habe. Dadurch, dass ich es mir gestattete, meine Gefühle wahrzunehmen, war ich wirklich in der Lage, ein freies Leben anzufangen. Ich musste mich nicht mehr auf äußere Betäubungsmittel stützen, um Gefühle, vor denen ich Angst hatte, zu unterdrücken. Ich lernte, dass es ungefährlich war, zu fühlen.

Mein Coach, Rha Goddess, lehrte mich, dass ich mir selbst die Erlaubnis geben konnte, meine Gefühle zu spüren. Rha half mir zu erkennen, dass sich unter meinem Suchtverhalten ein Gefühl der Angst und Unzulänglichkeit verbarg. Mit ihrer Hilfe übte ich mich darin, das Gefühl zu beschreiben. Unter ihrer Anleitung war es mir möglich, ihr zu erklären, dass das Gefühl tief in meiner Brust steckte wie ein fester Knäuel völlig verhedderten grauen Garns. Diese Beschreibung half mir ungemein. Rha lehrte mich dann, dieses Gefühl in meiner Brust zu spüren, wann immer ich bemerkte, dass es aufkam. Sie wies darauf hin, dass es sich auf natürliche Weise verändern würde, wenn ich dieses Gefühl 90 Sekunden lang spüren würde. Sie hatte recht. Immer wenn das Gefühl auftrat, war meine unmittelbare Reaktion darauf ein Drang, auf mein Suchtmuster zurückzugreifen. Stattdessen entschied ich mich dafür, es ganz und gar wahrzunehmen. Indem ich bei diesem aufrichtigen Gefühl verweilte, konnte ich zulassen, dass es sich durch mich hindurchbewegte. Und schließlich war ich frei.

Diese Praxis veränderte mein Leben für immer. Ich hatte gelernt, dass ich meine Gefühle aus der Vergangenheit gefahrlos erfahren konnte. Nachdem ich sie aufrichtig anerkannt hatte, konnte ich sie loslassen. Und sobald ich keine Angst mehr davor hatte, zu fühlen, musste ich nicht mehr vor meiner Angst davonlaufen. Ich konnte einfach in der Erfahrung des Augenblicks präsent sein.

Auch du kannst dich von deinen negativen Mustern befreien, sobald du die Gefühle, die sich dahinter verbergen, wirklich wahrnimmst. Beginne sofort mit dieser Praxis. Wenn du das nächste Mal bemerkst, dass du dich in einer angstvollen Erfahrung oder einem Suchtmuster verfangen hast, nutze diesen Augenblick, um das Gefühl in deinem Körper wahrzunehmen. Beschreibe es ausführlich (ein fester harter Knoten im Magen, eine schneidende Verspannung im Kiefer, ein dumpf dröhnendes Pulsieren in der Brust), damit du es eindeutig identifizieren kannst, wenn es auftritt. Atme dann 90 Sekunden tief ein und aus und erlaube dir, das Gefühl voll und ganz zu spüren. Leugne es nicht und schieb es auch nicht weg. Verweile einfach bei dabei. Beobachte nach diesen 90 Sekunden die Veränderung in deinem Körper, Geist und deinen Handlungen.

Benutze dieses Werkzeug so oft wie möglich und du wirst wunderbare Veränderungen erfahren.

Wunder-Botschaft #92:
Deine Gefühle zu spüren wird dich befreien.
#DuBistDeinGuru

#93: MEDITIERE MIT EINER MALA.

An diesem Punkt in dem Buch ist dein Wunder-Denken eingeschaltet. Mit all den fantastischen Techniken im Gepäck bist du wahrscheinlich bereit für eine tiefe Meditation. Eine fabelhafte Methode, um deine Meditationspraxis zu bereichern, ist die Mala, eine Gebetskette. Die Mala besteht aus 108 Perlen (manchmal sind es 54 oder 27 Perlen oder eine andere Zahl, die sich durch neun teilen lässt). Die Perlen sind gleichmäßig auf einem Seidenband aufgereiht, und durch eine zusätzliche, größere Perle (die Guru-Perle), die mit einer Quaste geschmückt ist, wird das Band zusammengehalten. Die Quaste steht für eintausend Lotosblätter.

Die Meditation mit einer Mala kann eine echt coole Erfahrung sein. Diese Praxis kombiniert viele der Kundalini-Traditionen zu einer Meditation: Naad-Yoga (das Rezitieren heiliger Töne), Edelsteintherapie, Akupressur und tiefe kontemplative Meditation.

Wenn du dich bereit fühlst, deine Meditationspraxis zu vertiefen, dann beginne heute damit, eine Mala einzubeziehen. Ich werde dich da durchschleusen.

Lass uns als Erstes ein Mantra verwenden, mit dem du schon vertraut bist: *Saa, Taa, Naa, Maa.* Halte die Mala in einer Hand an der Perle, die gleich nach der Guru-Perle kommt. Dann rezitiere das Mantra, *Saa, Taa, Naa, Maa,* und halte bei jedem Ton eine Perle zwischen Daumen und einem Finger.

Nach jedem Ton schiebst du mit dem Daumen die Perle über die Finger weiter. Auf diese Weise bewegst du dich von Perle zu Perle. Sobald du die Guru-Perle erreicht hast, sprichst du ein besonderes Gebet und fängst von vorne an.

Dadurch, dass du verschiedene Finger unter die Perlen platzierst, stimulierst du Meridianpunkte, die verschiedene Bereiche des Gehirns beeinflussen. Wenn du die Perlen gegen den Meridianpunkt in deinem Finger drückst, erzielst du bestimmte Resultate. Jeder Meridian ist an den Fingerseiten zwischen dem mittleren Gelenk und dem oberen Knöchel lokalisiert. Im Folgenden eine kurze Beschreibung, was jeder Meridianpunkt stimuliert:

Zeigefinger (Jupiterfinger): Weisheit, Wissen, Wohlstand

Mittlerer Finger (Saturnfinger): Geduld

Ringfinger (Sonnenfinger): Gesundheit, Vitalität, ein starkes Nervensystem

Kleiner Finger (Merkurfinger): Kommunikation, Intelligenz

Such dir einen Meridianpunkt aus, mit dem du arbeiten willst, und fang heute mit deiner Mala-Meditation an. Diese Meditation wird dir helfen, dein spirituelles Bewusstsein zu vertiefen und deine Fähigkeit, in der Stille zu sein, zu steigern. Entspann dich, sammel dich und genieße!

Wunder-Botschaft #93:
Mala-Meditation vertieft mein Bewusstsein.
#DuBistDeinGuru

#94: SPRICH MIT DEM UNIVERSUM.

Yogi Bhajan sagte: »Im Gebet sprechen wir zu Gott. In der Meditation spricht Gott zu uns.« Als Heranwachsende, die in einer Existenzkrise steckte, wandte ich mich der Meditation zu, um meine Ängste loszulassen und Frieden zu finden. Mitten in der Drogensucht benutzte ich Meditation, um meinen Weg zurück zur Wahrheit zu finden. Heute, als Spirit Junkie, dient Meditation mir dazu, Inspiration und Führung von Gott zu empfangen. Gott zuzuhören mag dir vielleicht wie eine schräge Idee vorkommen, besonders wenn du nicht religiös bist oder dich als Atheist bezeichnest. Aber wie du inzwischen weißt, glaube ich fest daran, dass es für jeden wichtig ist, sich einen Gott nach seinem eigenen Verständnis zu erschaffen. Ich glaube, dass Gott die göttliche Kraft der Liebe ist, die allem innewohnt. Diese Kraft kann uns führen und durch uns kommunizieren, wenn wir still sind. In der Stille können wir in Demut Führung von unserer inneren Stimme der Liebe empfangen.

Zeit in Stille zu verbringen und Gott zu dir sprechen zu lassen kann deine größte Kraftquelle in diesen turbulenten Zeiten sein. Ich kann bezeugen, wie machtvoll dieser Weg ist. Um meine spirituelle Praxis weiterzuentwickeln, habe ich keineswegs der Welt entsagt. Ganz im Gegenteil, ich bin mittendrin. Aber um die Vehemenz der äußeren Welt auszubalancieren, müssen wir unsere innere Welt aktivieren. Auf diese Weise werden wir von Liebe geführt und nicht von unserem Ego.

Inzwischen bist du vermutlich kein Anfänger mehr, was Meditation betrifft. (Wenn doch, ist das total okay. Dann kannst du jetzt gleich damit anfangen.) Wahrscheinlich hast du gelegentlich schon meditiert, und möglicherweise hast du dir eine regelmäßige Praxis zu eigen gemacht und benutzt die Meditationen, die ich in diesem Buch bereits vorgestellt habe. Du verstehst also, was ich meine, wenn ich dir sage, dass Meditieren eine der tollsten Möglichkeiten ist, sich von Liebe leiten zu lassen. Die folgende Kundalini-Meditation hilft uns, unsere Beziehung zu Gott zu vertiefen und unsere Verbindung zu unserer inneren Kraft zu festigen. Diese Meditation dient dazu, die Gotteserfahrung zu verstehen. Und so geht sie:

Sitz in der einfachen Haltung mit gerader Wirbelsäule.

Lege deine Hände in den Schoß. Die Spitzen der Daumen berühren die Ringfinger (das ist die Surya-Mudra, wie in der Abbildung zu sehen). *Surya* bedeutet »Sonne«, und dieses Mudra entfacht Energie, Gesundheit und Intuition.

Atme tief in deinem Rhythmus. Halte während der ganzen Meditation an der Absicht fest, mit dem Universum zu kommunizieren. Heiße die Stimme der Inspiration willkommen, dich zu durchströmen.

Es wird empfohlen, das Mantra »Rakhe Rakhanhar« zu hören, während du in Stille dasitzt. Es schützt dich vor negativen Kräften, die sich in deinen Weg stellen könnten, sodass du mit dem Universum klar kommunizieren kannst. Du kannst dir das Lied auf Gabbyb.tv/Miracles-Now herunterladen.

Diese Meditation kannst du so lange durchführen, wie du möchtest, obwohl eine Dauer von elf Minuten empfohlen wird. Wenn es dir schwerfällt, so lange in Stille zu sitzen, dann fang einfach mit einer Minute an und dehne die Zeit allmählich aus.

Ich erlebe durch diese Meditation viele Wohltaten. Sie verstärkt meine Intuition, während sich die Synchronizität beschleunigt. Die Führung, die ich brauche, kommt klarer durch. Ich habe diese Meditation in einer Zeit praktiziert, als Merkur rückläufig war. In dieser astrologischen Phase kann sich Kommunikation als schwierig erweisen, aber mithilfe dieser Meditation überwand ich mögliche Störungen und Missverständnisse und teilte klar und deutlich meine Gedanken und Wünsche mit.

Benutze diese Meditation, um deine Kommunikation mit dem Universum, deinem inneren Führungssystem und der Welt zu verstärken.

Wunder-Botschaft #94:
Im Gebet sprechen wir zu Gott.
In der Meditation spricht Gott zu uns. – Yogi Bhajan
#DuBistDeinGuru

#95: DU MUSST DEINE BESTIMMUNG NICHT SUCHEN, DEINE BESTIMMUNG WIRD DICH FINDEN.

Oft höre ich Leute sich beklagen, dass sie ihr Lebensziel nicht kennen. Sie sind verwirrt, fühlen sich abgetrennt und nicht geerdet. Kommt dir das bekannt vor? Es kann frustrierend sein, jeden Morgen mit einem Gefühl der Sinnlosigkeit aufzuwachen. In vielen Fällen sehe ich, dass Leute alles, was sie tun, forcieren und kontrollieren, um sich selbst und der Welt zu zeigen, wie wertvoll, leistungsfähig und nützlich sie sind. Das Ego lässt uns denken, dass unsere Bestimmung außerhalb von uns selbst ist, verborgen hinter einer Qualifikation, einer Jobbezeichnung oder einer altruistischen Aufgabe. Die äußere Suche nach unserer Bestimmung kann zu viel innerem Aufruhr führen. Wenn wir nach äußeren Anhaltspunkten für unser Lebensziel suchen, enden wir oft mit Gefühlen der Leere oder Enttäuschung.

Ich bin zu der Erkenntnis gelangt, dass du eigentlich nicht hinausgehen und deine Bestimmung suchen musst. Eher ist es so, dass deine Bestimmung dich finden soll. Wenn wir einem spirituellen Weg folgen und die Schichten des Egos entfernen, die wir gegen unsere innere Wahrheit aufeinandergelegt haben, fangen wir an zu finden, wonach wir suchen. Wir entdecken, was für uns wahr und richtig ist. In diesem Raum der Wahrheit erhalten wir Führung. Einige Leute werden geführt, der Welt durch ihren Beruf zu dienen. Andere werden geführt, Kinder in die Welt zu bringen. Wieder andere werden zu tief greifenden Akten der Vergebung angeleitet. Es spielt keine Rolle, zu welchen Taten du geführt wirst. Was eine Rolle spielt, ist eher, dass du irgendwie die Absicht hast, der Welt mehr Liebe zu bringen. Wenn du von einem Ort der Liebe aus wirkst, dann lebst du nach deiner Bestimmung.

Wenn du das nächste Mal wegen des Gedankens, dass du »deine Bestimmung finden« musst, die Krise kriegst, erinnere dich einfach daran, dass du überhaupt nichts suchen musst. Bleibe auf deinem spirituellen Weg und vertraue darauf, dass deine Bestimmung dich schon finden wird. Glaube daran, dass spirituelles Wachstum und innere Bewusstheit alles sind, was du brauchst, damit dir gegeben wird. Die Führung bewegt sich auf die liebevolle Bestimmung deines Lebens zu. Sei geduldig und bereit, in Liebe zu leben und aus der Wahrheit heraus voranzugehen.

Wunder-Botschaft #95:
Du musst deine Bestimmung nicht suchen.
Deine Bestimmung wird dich finden.
#DuBistDeinGuru

#96: DEINE AUGEN WERDEN SEHEN, WAS DU DIR WÜNSCHST.

Alle Übungen in diesem Buch zielen darauf ab, dir dabei zu helfen, deine Energie neu zu kalibrieren und deine Gedanken neu auszurichten, damit dann das Universum dein Leben neu gestalten kann. Vielleicht fühlst du dich mit der Vorstellung, dass deine Gedanken und deine Energie deine Wirklichkeit erschaffen, nicht ganz wohl. Doch wenn du diese Prinzipien ernst nimmst, wirst du positive innere und äußere Veränderungen erfahren. Jede Veränderung ist ein Wunder. Lass dich von diesen subtilen Veränderungen dazu beflügeln, stärker an die Macht deiner Gedanken zu glauben.

Mit deinem neu entdeckten Verständnis dafür, wie deine Gedanken und deine Energie dein Leben beeinflussen können, wird es Zeit, dass du anfängst, dich als Mitschöpfer deiner Wirklichkeit zu beteiligen. Je besser du verstehst, wie Energie funktioniert, umso leichter wirst du deine Umstände in null Komma nichts verändern können. Beispielsweise saß ich eines Morgens mit einer Freundin im Taxi. Ich wollte in den Norden von Manhattan Island zu einem Meeting, und sie war auf dem Weg zur Arbeit. Ich spürte, dass ihre Energie schwach war, und sie wirkte ein wenig deprimiert. Ihre niedrige Schwingung zog auch mich herunter. Als ich sie fragte, was denn los sei, erklärte sie, dass sie sich niedergeschlagen fühlen würde, weil sie zur Arbeit musste. Sie war genervt wegen der sommerlichen Hitze und ihrer scheinbar endlosen To-do-Liste. Ich frage sie daraufhin, ob sie ihre Erfahrung neu ausrichten und ihre Stimmung ändern wolle. Sie schenkte mir ein halbes Lächeln und meinte: »Ja, bitte.« Ich half ihr zu erkennen, wie gesegnet sie sei, und sich auf alles zu fokussieren, was gut für sie lief. In einer Minute hatte sie sich aus ihrer negativen Haltung hinausgedacht und sich wieder energetisiert.

Später an diesem Tag schickte meine Freundin mir eine SMS, in der es hieß: »Ich danke dir, dass du mir den Tag gerettet hast!« Ich antwortete: »Deine Augen werden sehen, was du dir wünschst.« Diese sanfte Erinnerung ist etwas, was wir uns alle öfter zu Herzen nehmen können. Oft erleben wir, was wir erleben wollen, ungeachtet unserer äußeren Umstände. Im Fall meiner Freundin hatte sich äußerlich nichts verändert. Es war immer noch heiß draußen, ihre To-do-Liste war immer noch lang, und sie war immer noch auf dem Weg zur Arbeit. Was sich geändert hatte, war ihr Wunsch, Glück zu sehen statt Negativität. Das war ein Wunder.

An diesem Punkt in deiner Wunderwirker-Praxis bist du dafür gerüstet, proaktiv mehr Veränderungen in deinem Leben herbeizuführen. Was denkst du? Was fühlst du? Und wie wirken sich deine Gedanken und Gefühle auf deine derzeitige Situation aus? Wenn deine Gedanken und deine Energie positiv sind, frage dich, was du tun kannst, damit sie noch fantastischer werden. Wenn deine Gedanken und Energie dich negativ beeinflussen, fang mit dem Prozess des Neuausrichtens an. Wünsch dir etwas ganz anderes. Entscheide dich dafür, das Positive zu sehen, fokussiere dich auf Dankbarkeit und öffne dich für eine neue Sichtweise. Wann immer du dich dabei ertappst, in einer negativen Story hängen zu bleiben, mach diese Übung des Neuausrichtens selbst. Lenke deine Gedanken zu Dingen um, die bei dir gut laufen, die positiv sind und die dein Leben in Fluss bringen.

Wenn du dich auf den Fluss fokussierst, wirst du dich mit ihm bewegen.

Übernimm die Verantwortung für dein Glücklichsein. Damit bereitest du dir selbst und allen anderen um dich herum ein Geschenk. Je glücklicher du bist, umso mehr Positivität lässt du der Welt zuteilwerden.

Wunder-Botschaft #96:
Deine Augen werden sehen,
was du dir wünschst.
#DuBistDeinGuru

#97: ATME WIE EIN HUND, UM DEIN IMMUNSYSTEM ANZUKURBELN.

Hat die Überschrift deine Aufmerksamkeit erregt? Vielleicht musst du bei der Vorstellung von einem hechelnden Labrador lachen, aber ich verspreche dir, das ist kein Witz! Ich werde dich jetzt mit einer wirkungsvollen Kundalini-Meditation bekannt machen, die dir helfen wird, dein Immunsystem anzukurbeln, indem du wie ein Hund atmest. Es liegt in deiner Verantwortung, auf dein Immunsystem achtzugeben, damit du das Leben genießen und deine Freude mit der Welt teilen kannst. Praktiziere diese Meditation, sobald du merkst, dass deine körperliche Verfassung schwächer wird, oder jeden Tag, um deine allgemeine Gesundheit zu erhalten.

Und so funktioniert sie:

Sitz in der einfachen Haltung und drücke das Kinn und die Brust raus. Streck die Zunge ganz heraus und atme schnell durch den Mund. Die Zunge bleibt dabei die ganze Zeit draußen. Das nennt man Hundeatmung. Atme auf diese Weise drei bis fünf Minuten lang.

Um diese Meditation abzuschließen, atme ein und halte den Atem 15 Sekunden lang, während du die Zunge fest gegen den oberen Gaumen drückst. Wiederhole diese abschließende Atmung noch zwei weitere Male.

Dies ist eine sehr wirkungsvolle Übung. Wenn du ein Kribbeln in den Zehen, Oberschenkeln und im Kreuz spürst, ist das ein sicheres Zeichen, dass du sie richtig ausgeführt hast.

Deine Gesundheit ist entscheidend für dein Glück und deine Lebenserfüllung. Wende diese Meditation an, um Infektionen abzuwehren und ein starkes Immunsystem beizubehalten.

Wunder-Botschaft #97:
Deine Gesundheit ist entscheidend
für dein Glück und deine Lebenserfüllung.
#DuBistDeinGuru

#98: ZÜGELE DEINEN STIFT UND DEINE ZUNGE.

Kennst du solche Augenblicke, in denen du dir wünschst, du könntest die E-Mail löschen, die du gerade verschickt hast, oder das Gespräch, das du gerade geführt hast, zurückspulen? Immer wenn wir zu schnell reagieren, schneiden wir die Verbindung zu unserem inneren Führungssystem ab und reagieren von unserem Ego aus. Ob wir mit einem fiesen Verhalten reagieren, wütend oder einfach zu viel sagen, es ist niemals eine gute Idee, schnell und unbedacht zu reagieren.

Bill Wilson, der Mitbegründer der Anonymen Alkoholiker, sagte: »Nichts macht sich mehr bezahlt, als seinen Stift und seine Zunge im Zaum zu halten.« Sein Rat hat mich schon bei unzähligen Gelegenheiten gerettet. Ich war früher sehr reaktiv, und das hat nie gut funktioniert. Meine spontanen, unbedachten Reaktionen führten zwangsläufig zu Reuegefühlen und verschlimmerten obendrein die Angelegenheit, mit der ich es gerade zu tun hatte. Obwohl es anfangs schwer war, mich in Zurückhaltung zu üben, erwies es sich als eine Wohltat in meinem Leben und bewahrte mich vor vielen unnötigen Problemen.

Wenn auch du dazu neigst, sehr impulsiv zu sein, empfehle ich dir, die folgende Methode auszuprobieren. Wenn du das nächste Mal unbedacht auf eine Situation reagieren willst, nimm drei lange, tiefe Atemzüge. Wende die yogische Atmung an. Atme tief in das Zwerchfell und dehne dabei den hinteren

Brustkorb aus. Beim Ausatmen lässt du das Zwerchfell sich zusammenziehen. Dadurch, dass du dich ein paar Augenblicke auf deine Atmung fokussierst, wird die emotionale Aufladung, die diese wütende Reaktion nährt, schwächer, und du bekommst deinen Kopf frei. Frage dich dann nach diesen drei Atemzügen: *Was ist eine liebevollere Reaktion?* Lass deine Inspiration sprechen und dich von ihr führen. Du kannst sofort höhere Führung empfangen, die dich vor vielen unnötigen und unangenehmen Problemen bewahrt. Nach deinem Dazwischentreten sage dir: *Ich entscheide mich dafür, mich darin zu üben, meinen Stift und meine Zunge zu zügeln.*

Wunder-Botschaft #98:
Nichts macht sich mehr bezahlt,
als seinen Stift und seine Zunge im
Zaum zu halten. – Bill Wilson
#DuBistDeinGuru

#99: HÖR AUF, DICH IN IRGENDETWAS HINEINZUSTEIGERN.

Du hast sorgfältig ein Programm geplant, und dann läuft alles schief – da kann man leicht ausflippen. Das Ego hängt an bestimmten Resultaten und Situationen. Es will unbedingt, dass deine Beziehung bestehen bleibt, dass dein Job für immer sicher ist – es dreht sogar wegen banaler Dinge durch wie etwa, wenn die Sonne nicht scheint, was bedeutet, dass ein bewölkter Tag alles ruinieren kann. Das Ego versucht, die Kontrolle über alle Resultate und Folgen zu haben, ungeachtet dessen, wie machtlos du der jeweiligen Situation gegenüberstehst. Dieses Kontrollbedürfnis ist einer der Hauptstressoren im Leben und beeinträchtigt dein Wohlbefinden und Glück.

Einige Leute sind derart davon besessen, die Kontrolle über alles zu haben, dass ihre zwanghaften Gedanken lähmend werden. Beispielsweise befassen sich einige Monate vor einer Reise ständig mit Reiseplänen. Andere machen sich selbst verrückt, wie es mit einer Beziehung weitergehen wird, selbst wenn diese gut läuft. Als genesende Zwangsgestörte bin ich mit diesem Muster wohlvertraut. Ich war früher bis zur totalen Erschöpfung mit zwanghaften Gedanken zugange. Ich lebte in einem ständigen Zustand des Unglaubens. Ich dachte, dass es nie so laufen würde, wie ich es wollte, wenn ich eine Situation nicht unter Kontrolle hatte. Ironischerweise kam mein ganzes Kontrollverhalten meinen gewünschten

Resultaten gründlich in die Quere. Meine Energie war hektisch, kontrollierend und ängstlich. Wenn du jemand bist, der sich tagelang (und nächtelang – wir können auch in unseren Träumen obsessiv sein) unentwegt mit eventuellen Resultaten und Folgen beschäftigt, wird es Zeit, deine Energie umzulenken.

Wenn wir übermäßig kontrollierend sind, sind wir nicht nach unserem Geist ausgerichtet und nur darauf fokussiert, was wir als individuelle Körper tun können. Der Grund, warum wir versuchen, Kontrolle über Resultate zu haben, ist unsere Angst davor, dass, wenn wir es nicht realisieren, es sonst niemand tun wird. Wenn dich dieses Gefühl beschleicht, ist das ein sicheres Zeichen, dass du der Energie des Universums nicht vertraust. Alle Übungen in diesem Buch führen dich in irgendeiner Weise, die allgegenwärtige Energie des Universums anzuzapfen, die Energie, die jeden deiner Schritte unterstützt. Diese Energie kann durch Absichten, Gebet, Meditation und Akte der Nächstenliebe angezapft werden. Diese Energie ist deine wahre Kraft, wenn du dich kraftlos fühlst. Der Schlüssel dazu, dein Kontrollbedürfnis abzulegen, liegt in der Akzeptanz einer Macht, die größer ist als du und die zu deinen Gunsten wirkt, um dir beizustehen. Der nächste Schritt ist dann, diese Kraft achtsam und konzentriert mithilfe deiner Gedanken, Gebete und Intentionen anzuzapfen.

Damit du wieder einen Draht zur universellen Energie hast, wollen wir eine fantastische Methode einsetzen, die dir helfen wird, dein Kontrollbedürfnis zu überantworten: Mache eine Liste von allen Dingen, die du zu kontrollieren versuchst. Daneben schreibst du immer: *Ich stehe dieser Situation machtlos gegenüber, und ich gebe sie in die Obhut des Universums.* Trage diese Liste immer bei dir. Immer wenn du merkst, dass du dich in irgendetwas hineinsteigerst, holst du deine Liste hervor, um dich an deine Machtlosigkeit und die Gelegenheit, es zu überantworten, zu erinnern. Lass mich klarstellen: Ich deute damit nicht an, dass du nicht die Herrschaft über dein Handeln hast. Aber sobald du deinen Zug gemacht hast, ist die Zeit gekommen, das Ergebnis zu überantworten. Stütz dich auf deine Liste so oft wie möglich als Hilfsmittel, um deine Energie in dem jeweiligen Augenblick zu verändern. Die einfache Absicht, die Kontrolle zu überantworten, ist alles, was du brauchst, um Wunder zu erleben.

Wunder-Botschaft #99:
Die einfache Absicht,
Kontrolle zu überantworten,
ist alles, was du brauchst,
um Wunder zu erleben.
#DuBistDeinGuru

#100: TANK ENERGIE, WENN DU ZU WENIG SCHLAF GEHABT HAST.

Ich erwähnte bereits in früheren Übungen, dass Schlafen meiner Meinung nach eine spirituelle Praxis ist. Angesichts des hektischen Lebens können wir jedoch manchmal nicht so viel Schlaf bekommen, wie unser Körper eigentlich braucht. Auf einer Lesereise schlafe ich normalerweise nur halb so viel wie sonst. Darum brauche ich Techniken, um meine Energie neu zu kalibrieren, damit ich aufmerksam, beseelt und dynamisch bleibe. Während der *Könnte Wunder bewirken*-Lesereise benutzte ich eine unglaubliche Kundalini-Asana (Yoga-Haltung) als Schlafersatz. Yogi Bhajan lehrte, dass, wenn man fünfzehn Minuten lang einen Schulterstand (auch Kerze genannt) macht, dies zwei Stunden Schlaf entsprechen würde, weil er einen so tief entspannt. Obwohl der Schulterstand kein dauerhafter Ersatz für Schlaf ist, kann er doch eine großartige Hilfe sein, wenn du dich einfach nicht lang genug aufs Ohr hauen kannst.

Um einen Schulterstand auszuführen, lege dich auf den Rücken und bringe deine Wirbelsäule und Beine in eine vertikale Position, stütze deinen Po mit den Armen. Schultern und Ellbogen stützen dein Körpergewicht (halte die Beine so senkrecht wie möglich und achte darauf, dass dein ganzes Gewicht auf den Schultern liegt und nicht auf dem Nacken). Wenn der Schulterstand zu schwierig für dich ist, kannst du auch eine einfachere Umkehrhaltung, den unterstützten

Schulterstand, ausführen. Leg ein Kissen oder zwei dicke gefaltete Decken unter dein Kreuz, strecke die Beine gerade nach oben und stütze sie gegen die Wand. Ruhe in einer dieser Positionen, so lange du kannst. Atme dabei tief durch die Nase ein und aus. Probiere es eine Minute lang und verlängere die Zeit bis zu 15 Minuten.

Wenn du nachts Einschlafprobleme hast, habe ich noch eine andere Kundalini-Technik, die mir hervorragend hilft. Sobald du auf dem Rücken im Bett liegst, lasse die Füße auf dem Bett und atme tief und lang durch die Nase. Beim Einatmen ziehst du die Zehen zu deinem Kopf hin und singst im Geiste *Sat*. Beim Ausatmen streckst du die Zehen und singst im Geiste *Nam*. Setz diese Übung drei Minuten lang fort, du wirst sofort einschlafen.

Wunder-Botschaft #100:
Fünfzehn Minuten Schulterstand
entsprechen zwei Stunden Schlaf.
#DuBistDeinGuru

#101: LEBE IN EINER URTEILSFREIEN ZONE.

Hast du schon mal einen Tag erlebt, ohne ein Urteil zu fällen? Ich für meinen Teil kann das nicht bejahen. Obwohl ich mich nicht für einen wertenden Menschen halte, ertappe ich mich den ganzen Tag dabei, Urteile zu fällen – über mich selbst, Leute, die ich kenne, Leute, die ich nicht kenne, und so weiter. In *Ein Kurs in Wundern* heißt es: »Das Ego kann ohne Urteile nicht überleben.«

Verurteilen erzeugt Trennung. Aus der Sicht des *Kurses* kommt es zur Trennung, wenn wir uns vom Einssein abkoppeln. Urteilen verstärkt die Illusion, dass wir von anderen getrennt sind und dass Trennung uns mehr oder weniger besonders als andere fühlen lässt. Diese Illusionen schaffen Negativität in Beziehungen. Wenn wir über uns selbst urteilen, sagen wir damit eigentlich, dass wir weniger wert sind als andere – auf eine (oder jede) Weise schlechter. Wenn wir über andere urteilen, deuten wir damit an, dass sie »weniger wert sind als wir«. Urteile und Trennung bewirken, dass wir uns schrecklich fühlen. Wir fühlen uns isoliert, sind leistungsorientiert und misstrauisch. Wir investieren viel Zeit und Energie in Vergleiche und Angriffe. Und was am schlimmsten ist, Urteilen verursacht noch mehr Urteile, um die Illusion der Trennung am Leben zu halten. Es ist ein Teufelskreis.

Im *Kurs* heißt es weiter: »Das Ego trachtet immer danach zu zerteilen und zu trennen. Der Geist versucht immer zu heilen und zu einen.« Urteilen mag zwar unser Standard sein, aber Einheit ist unsere Wahrheit. In dem Augenblick, in dem wir auf das Urteilen verzichten, ist die Einheit wiederhergestellt. Jeder Wechsel von Urteilen zur Einheit ist ein Wunder.

Das Muster des Urteilens wird nicht sofort verschwinden. Ich kämpfe immer noch täglich damit, obwohl es im Gegensatz zu dem steht, was ich glaube. Deine Bereitschaft, Liebe zu sehen, ist alles, was zählt. Du kannst mit deinem Wunsch, dich mit der inneren Wahrheit in Einklang zu bringen, anfangen, indem du eine Affirmation aus dem *Kurs*-Übungsbuch benutzt. Immer wenn du dich dabei ertappst, über andere oder dich selbst zu urteilen, sage einfach: »Ich kann der Welt, die ich sehe, entrinnen, indem ich Angriffsgedanken aufgebe.« Diese Affirmation ist eine Erinnerung daran, dass du, wenn du einen Angriffsgedanken loslässt, dich sofort mit Liebe in Einklang bringen kannst. Übe dich täglich darin und lass es ein neues Muster werden, Liebe zu wählen statt Verurteilung.

Wunder-Botschaft #101:
Ich kann der Welt, die ich sehe, entrinnen,
indem ich Angriffsgedanken aufgebe.
#DuBistDeinGuru

#102: WENN IM ZW
SPIELE ES DURCH.

Eine schlechte Angewohnheit abzulegen kann anfangs ganz schön schwierig sein. Echte Veränderung erfordert Bereitschaft und Wiederholung eines neuen Verhaltens. Während wir dabei sind, uns ein neues Verhalten zu eigen zu machen, wird es viele Augenblicke geben, in denen unser Ego versucht, uns das wieder auszureden. In meinem ersten Jahr ohne Kaffee beispielsweise rang ich jedes Mal mit mir, wenn ich an einem Café vorbeikam und den Duft von frischen Bohnen und frischem Kaffee einatmete. Die täglichen Versuchungen führten mich zu vielen Momenten, in denen ich damit liebäugelte, mir einen dampfenden Becher zu kaufen. Meine Abhängigkeit nach Kaffee überwog meine Willenskraft bei Weitem.

Schließlich wurde das Verlangen, mir einen Becher Kaffee zu besorgen, so stark, dass ich kurz davor war, rückfällig zu werden. Um mich davor zu schützen, in ein Muster zurückzufallen, das mir nicht dienlich war, benutzte ich eine Technik, um mir die Vernunft ins Gedächtnis zurückzurufen. Wenn ich mich bei dem Gedanken ertappte, in den Coffeeshop zu gehen, spielte ich die Situation gedanklich durch. Zuerst sah ich mich den Kaffee trinken. Dann sah ich mich, wie ich von dem Koffein derart aufgedreht war, dass ich kaum mit Leuten kommunizieren konnte, weil ich mich so manisch fühlte. Dann spulte ich eine halbe Stunde vor zu dem Zeitpunkt, in dem mein Post-Koffein-Absturz erfolgte. Meine Energie war

...n am Boden und ich für den Rest des Tages in einem kata-
onischen Zustand. Zusätzlich hatte ich Magenschmerzen,
Kopfschmerzen, und ich war absolut unproduktiv. So sah bei
mir ein typischer Tag aus, als ich noch Kaffee trank. Es fiel mir
also leicht, mir diese Szene auszumalen, war sie mir doch nur
allzu vertraut. Nachdem ich drei Minuten lang den unangenehmen Ablauf der Ereignisse visualisiert hatte, konnte ich
unbeschwert von dem Coffeeshop weggehen und stattdessen
geradewegs die Saftbar ansteuern.

Unser Ego ist durchtrieben, wenn es darum geht, die
Wahrheit dahinter, warum wir positive Veränderungen vor-
nehmen, auszulöschen. Aus diesem Grund fällt man so leicht
in alte Verhaltensweisen zurück. Wir fangen an, uns zu erlau-
ben, es doch noch mal zu tun, und wir verlieren den Grund
aus den Augen, warum wir eigentlich damit aufhören woll-
ten. Die Situation durchzuspielen wird dir enorm nützlich
sein, wenn du im Begriff bist, in ein altes Verhalten zurückzufallen. Vielleicht willst du gerade anfangen, dir einen Drink
zu mixen, nachdem du 90 Tage nüchtern warst, oder vielleicht willst du gerade dem Kerl, von dem du weißt, dass er
dir nicht guttut, eine SMS schicken. Egal, um was es geht,
wann immer du im Zweifel bist, spiele es durch. Male dir die
ganze Geschichte aus. Nicht nur den lustigen Teil, wenn du
dich am Koffein berauschst oder von einem Bier angeheitert
bist. Spiele die ganze Geschichte durch bis zum Ende, wenn
du abstürzt und dir das Leben vermasselst. Deine Ehrlichkeit
und Bereitschaft, dich daran zu erinnern, was wahr ist, wird
dich retten, wenn du kurz vor einem Rückfall stehst.

Wunder-Botschaft #102:
Wenn im Zweifel, spiele es durch.
#DuBistDeinGuru

#103: WIE WÜRDEST DU LEBEN, WENN DU WÜSSTEST, DASS DU GEFÜHRT WIRST?

So viel von der Angst, dem Stress und dem Chaos, das wir erfahren, rührt von unserem mangelnden Glauben an das Universum her. Wir glauben, dass wir uns um alles kümmern müssen, damit etwas umgesetzt wird, und planen jedes kleine Detail, um uns sicher zu fühlen.

Das Leben, das wir leben, wird von Ergebnissen und Zukunftsplänen beherrscht. In kurzen Momenten bringen wir uns mit dem Fluss des Univer-sums in Einklang, etwa wenn wir uns auf einem Medita-tionskissen heiter und gelassen fühlen, auf einem Spaziergang einen stillen See betrachten oder uns im Yoga-Kurs verausgaben. Kurze Momente des Einklangs erinnern uns an unsere Wahrheit. Aber wie würde das Leben aussehen, wenn wir uns immer daran erinnern würden, dass wir geführt werden? Wie anders wäre es dann?

Für diese Übung empfehle ich dir, eine visionäre Darstellung zu verfassen. Schreibe oben auf eine Seite in einem Notizbuch: *Wie würde mein Leben aussehen, wenn ich wüsste, dass ich immer geführt werde?* Dann nimm dir fünf Minuten für die Antwort. Stell dir einen Wecker und assoziiere frei. Vergiss deine Ängste und kleingeistigen Gedanken. Gib dich ganz deinen kreativen Gedanken hin und stell dir vor, wie das Leben wäre, wenn du wüsstest, dass du Führung erhieltest. Lass deine Gedanken nur so aus der Feder fließen.

Wenn der Wecker klingelt, lies dir durch, was du geschrieben hast, und atme in die Gefühle, die beim Lesen aufkommen. Sind es Gefühle des Unglaubens, des Zweifels? Oder spürst du intuitiv, dass das Leben so sein sollte? Wenn du auch nur das geringste Gefühl von Frieden verspürst, nachdem du deine visionäre Darstellung gelesen hast, dann machst du dir deine Wahrheit zunutze.

In jedem von uns existiert ein Ort, der aufrichtig daran glaubt, dass wir geführt werden. Das Ego arbeitet ständig, jeden Augenblick, den ganzen Tag lang, hart daran, uns von dieser Wahrheit abgekoppelt zu lassen. Es ist unsere Aufgabe, die Angst des Egos zu verlernen und uns an unsere loyale Wahrheit zu erinnern.

Lass deine visionäre Vorstellungskraft dich daran erinnern, dass du immer geführt *wirst* – selbst in schwierigen Zeiten. In den Augenblicken, in denen du vielleicht nicht erkennen kannst, wie die Situation, in der du dich befindest, ausgeht, ist es unbedingt erforderlich, dass du dem Universum vertraust. Dein Vertrauen und dein Glaube bieten dir die Gelegenheit, zu lernen, zu wachsen und zu heilen. Oft betrachten wir schwierige Zeiten als Bestrafung vom Universum – oder wir beschließen, unseren Glauben an Gott und die Liebe ganz aufzugeben.

Wenn die Zeiten hart sind, brauchen wir jedoch den Glauben mehr denn je. Vielleicht machst du eine Scheidung durch, leidest an einer schweren Krankheit oder ringst mit einer schwierigen Entscheidung. Egal in welcher Situation du dich befindest, du kannst dich jetzt dafür entscheiden, daran zu glauben, dass du immer geführt wirst. Wenn du das akzeptierst, kannst du ein wirklich glückliches und freies Leben führen. Echte Freiheit rührt von dem Wissen her, dass das Universum dir den Rücken freihält.

Verwende das, was du geschrieben hast, als eine Freiheitserklärung, auf die du zurückgreifen kannst, wann immer du

Zweifel hegst. Sie wird dich auf überzeugende Weise an deine Verbindung mit dem Universum und der Energie-Präsenz, die dich immer unterstützt, erinnern.

Wunder-Botschaft #103:
Dein Glücklichsein kann daran gemessen werden,
wie stark dein Glaube an die Liebe ist.
#DuBistDeinGuru

#104: SIEH DER WAHRHEIT INS GESICHT.

Egal wie sehr wir auch versuchen, der Wahrheit auszuweichen, das Universum wird uns immer zeigen, was wahr ist. Meine liebe Freundin Danielle sagt: »Vielleicht wollen wir der Wahrheit nicht ins Gesicht sehen, aber wir können uns nicht auf einem spirituellen Weg befinden, ohne dass uns die Wahrheit im Gesicht geschrieben steht.« Danielle hat recht. Wenn wir uns auf eine spirituelle Reise begeben, werden wir uns stärker dessen bewusst, wie es sich anfühlt, der Wahrheit auszuweichen.

Die Wahrheit wird immer hervortreten, und zwar schnell. In diesen Zeiten, in denen die Energie sich beschleunigt und mithilfe von Technologie alles aufgedeckt wird, bleibt wenig verborgen. Bevor wir unsere spirituelle Reise begonnen haben, hat es sich vielleicht seltsam sicher, fast gemütlich angefühlt, in den Lügen des Egos zu verweilen. Aber sobald wir aufgebrochen sind, wird dieser Raum immer unbehaglicher und beengender.

Ich erlebe viele Menschen auf einem spirituellen Pfad, die ihre Wahrheit in einigen Lebensbereichen offen darlegen, aber nicht bereit sind, sie in anderen preiszugeben. So funktioniert das nicht. Wir müssen bereit sein, der Wahrheit in allen Situationen ins Gesicht zu sehen, nicht nur in solchen, die angenehm sind. Die Ecken unseres Lebens, die im Dunkeln bleiben, müssen ans Licht gebracht werden, damit wir uns vollständig zu den kraftvollen Wesen entfalten können, die zu sein wir bestimmt sind.

Dieses Buch hilft dir, diese Reise anzutreten, auf der du jene dunklen Ecken offenlegst, um ehrlich zu werden in Bezug darauf, was wahr für dich ist. An dieser Stelle in deiner Praxis wird es Zeit, noch tiefer in deine Wahrheit einzutauchen. Komme noch mal auf die Reise zurück, die du mit diesem Buch unternommen hast. Was ist für dich herausgekommen? Was hast du über dich erfahren? Vor was weichst du immer noch aus? Nimm dir etwas Zeit, um darüber nachzudenken. Schreibe dann mit der ganzen Ehrlichkeit, die du aufbringen kannst, die Bereiche auf, in denen du noch immer die Wahrheit leugnest. Vielleicht lässt dich das zusammenzukken; vielleicht lässt es dein Herz schneller schlagen; oder vielleicht bringt es dich zum Ausflippen. Das ist okay: Ehrlichkeit erfordert Mut.

Es ist unbedingt erforderlich, dass du um deines Wachstums und Glücks willen ehrlich bist. Vielleicht ist es dir nicht geheuer, dir anzuschauen, was du verbirgst. Aber in dieser Zeit finde ich es viel erschreckender, nicht hinzuschauen. Vertraue darauf, dass du, wenn du zu dieser Zeit zu diesem Buch gerufen wurdest, eine Aufforderung erhalten hast, mehr zu leben, mehr zu fühlen und mehr zu dienen. Diese Aufforderung bedingt, dass du dich ehrlich durch alles bewegst, was dich davon zurückhält, ganz einzutreten.

Jetzt ist der perfekte Zeitpunkt gekommen, um deine Bereitschaft für deine Praxis aufs Neue zu mobilisieren. Amma, die heilige Umarmerin, sagte: »Wenn eine Eierschale von außen platzt, ist sie zerdrückt, wenn sie von innen platzt, wird ein Lebewesen geboren.« Sei bereit, von innen aufzuplatzen. Fasse eine neue Absicht, ehrlich zu werden im Hinblick auf die Bereiche deines Lebens, die dein Ego noch immer steuert. Sich auf einem spirituellen Pfad zu befinden bedeutet, *alles* preiszugeben, nicht nur die Bereiche, die leicht loszulassen sind.

Die Zeit, jetzt ganz einzutreten und mehr offenzulegen, ist jetzt gekommen. Vergib den Eltern, gegen die du Groll hegst. Thematisiere deine Abhängigkeit. Schau deiner dunkelsten Angst ins Gesicht. Geh aufs Ganze und geh nach Hause zu der Wahrheit, die du bist.

Wunder-Botschaft #104:
Sieh deiner Wahrheit ins Gesicht
oder deine Wahrheit wird dir
im Gesicht geschrieben stehen.
#DuBistDeinGuru

#105: ECHTER REICHTUM IST EIN INNERER JOB.

Finanzielle Angst und Unsicherheit haben in den letzten Jahren sprunghaft zugenommen. Angesichts der ganzen negativen Berichterstattung über die Wirtschaft kann man schnell der Mangelmentalität verfallen. Sich auf Mangel zu fokussieren erzeugt mehr Mangel – ein wahrer Teufelskreis. Wenn man sich stattdessen auf Reichtum und Fülle einstimmt, dann erzeugt das mehr Reichtum und Fülle.

Was immer wir über Geld denken, es führt dazu, wie wir in Bezug auf Geld fühlen. Dieses Gefühl gibt eine Energie frei, die unsere Erwerbsfähigkeit entweder unterstützt oder sie beeinträchtigt. Energie ist eine Währung. Wenn wir unsere Energie einsetzen wollen, um mehr zu verdienen und finanzielle Freiheit zu erlangen, müssen wir unsere Gedanken und Glaubenssätze in Ordnung bringen.

Wir fangen mit der Beseitigung der Blockaden an, indem wir uns ihrer bewusst werden. Es gibt drei große Blockaden, wenn es um Reichtum geht. Die erste ist die Mangelmentalität: der Glaube, dass nie genug da sein wird. Leute, die sich in dieser Mangelmentalität suhlen, sind davon überzeugt, dass sie es nie zu Reichtum bringen und sich unentwegt abrackern müssen, um sich sicher zu fühlen. Die zweite große Blockade ist der Glaube, dass man »etwas Besseres« ist, wenn man eine bestimmte Geldmenge besitzt. Leute, die Geld eine große Bedeutung beimessen, betrachten sich selbst als nicht gut genug oder »minderwertig«, wenn sie nicht viel haben – und diejenigen, die viel haben, können es nicht genießen, weil sie Angst haben, es zu verlieren, oder weil sie weniger haben als jemand anders. Die dritte Möglichkeit, wie Angst unsere Erwerbsfähigkeit blockiert, ist der Glaube, dass nicht genug für alle da ist – dass nur eine bestimmte Anzahl von Menschen in den Genuss von Reichtum kommt, dass Reichtum seine Grenzen hat.

Beobachte den ganzen Tag lang deine Gedanken, Energie und dein Verhalten im Hinblick auf Geld. Wenn du dich bei einem ängstlichen Gedanken über Geld ertappst, nutze den Augenblick, um deine Wahrnehmung zu ändern. Vergib dir unverzüglich dafür, diesen Gedanken zu hegen, und entscheide dich dafür, die Sache anders zu betrachten. Vielleicht starrst du gerade wehmütig in das Schaufenster einer Boutique und denkst: »Ich wünschte, ich könnte mir diese tollen Stiefel leisten.« Wähle sofort einen neuen Gedanken – wie etwa: »Ich bin dankbar für das, was ich *habe*, und ich entscheide mich dafür, mich nicht auf meinen Mangel zu konzentrieren.« Diese einfache Verschiebung kann deine Energie umlenken und deine Dankbarkeit und Positivität verstärken. Plötzlich siehst du vielleicht den Café Latte, an dem du gerade nippst, in einem ganz neuen Licht, oder erinnerst dich daran, dass du die Schuhe, die du trägst, eigentlich total magst.

Dein wahrer Reichtum fängt mit deinem Glaubenssystem an. Marie Forleo, die Begründerin von Rich Happy & Hot B-School, sagt: »Sei bereit, deine Glaubenssätze und Verhaltensweisen rund ums Geld aufzuräumen, und du wirst auf dem Weg sein, ein wahrhaft reiches Leben zu haben, sowohl innen als auch außen.«

Wunder-Botschaft #105:
Echter Reichtum ist ein innerer Job.
#DuBistDeinGuru

#106: WIEDERHOLUNG VON NEUEM VERHALTEN BEWIRKT BLEIBENDE VERÄNDERUNG.

Inzwischen verfügst du über einen Werkzeugkasten mit über 100 Hilfsmitteln, um Stress abzuschalten, deine Stimmung zu ändern und Frieden zu erlangen. Diese Werkzeuge sind für immer in deiner Gesäßtasche, sodass du sie, wenn du sie brauchst, nur hervorziehen musst. Um deine Praxis noch weiter voranzutreiben, werden wir uns jetzt noch tiefer mit einer der Übungen beschäftigen, damit sie dir in Fleisch und Blut übergeht. Nachhaltige Veränderung ergibt sich aus Disziplin, Bereitschaft und Wiederholung.

Erinnere dich, Yogi Bhajan sagte, dass 90 Prozent der Arbeit darin besteht, sich blicken zu lassen. Nimm dir für dieses Prinzip Zeit, um dich auf eine Übung, die dich inspiriert hat, ernsthaft festzulegen. Geh noch mal alle Übungen durch und such dir dann die heraus, die du jetzt gerade am dringendsten brauchst. Nicht diejenige, die am leichtesten erscheint oder am angenehmsten durchzuführen ist – die Übung, die du jetzt wirklich am meisten brauchst. Dann fasse die Absicht, in den nächsten 40 Tagen diese Übung regelmäßig durchzuführen. Wenn du den Plan nicht einhältst, fängst du wieder von vorne an – mit Tag eins.

Gib dir selbst die Chance, die Praxis zur natürlichen Gewohnheit werden zu lassen. Versinke in ihr und lass dich von ihr umschließen. Lass die Übung übernehmen, während du die Wiederholung als Leitfaden verwendest, um bleibende

Veränderung herbeizuführen. In 40 Tagen kannst du die neuralen Bahnen in deinem Gehirn neu verlegen, sodass eine Veränderung von Dauer ist. Yogi Bhajan sagte, dass du negative Gewohnheiten, die dich daran hindern, dich weiterzuentwickeln, völlig auflösen kannst, wenn du 40 Tage lang täglich übst.

Wenn du dich berufen fühlst, deine Übung länger fortzuführen, dann mach mit dem Wiederholen weiter. Yogi Bhajan sagte auch, dass du nach 90 Tagen Üben eine neue Gewohnheit in deinem Bewusstsein und Unterbewusstsein verankerst. Dies verändert dich auf eine sehr tief greifende Weise. Wenn du 120 Tage lang täglich übst, wirst du die neue Gewohnheit noch mehr festigen. Wenn du 1000 Tage lang übst, wirst du Meisterschaft in dieser Praxis erlangen.

Durch Wiederholung stellst du eine tiefe Verbindung zu der Praxis her. Egal vor welchen Herausforderungen du stehst, du kannst dich jederzeit deiner Praxis zuwenden, um Hilfe zu erhalten.

Yogi Bhajan lehrte, dass eine Gewohnheit eine unbewusste Kettenreaktion zwischen dem Geist, dem Drüsensystem und dem Nervensystem ist. Unsere am stärksten verwurzelten Gewohnheiten haben wir in sehr jungen Jahren entwickelt. Einige von ihnen dienen dir und andere nicht. Indem du eine Übung 40, 90, 120 oder 1000 Tage lang durchführst, kannst du diese Kettenreaktion neu verdrahten und neue und förderliche Gewohnheiten entwickeln, die deinem höchsten Wohl dienen.

Wunder-Botschaft #106:
Du kannst neue und förderliche Gewohnheiten
entwickeln, die deinem höchsten Wohl dienen.
#DuBistDeinGuru

#107: »LEHREN IST LERNEN.«

Als spirituelle Schülerin glaube ich, dass wir einen unsichtbaren Eid leisten, um irgendwie Lehrer zu sein. Während wir unser inneres Gewahrsein ausdehnen und von unserem Leben zeugen, wie es gedeiht, verspüren wir wahrscheinlich den Wunsch, die Liebe zu verbreiten. Wenn wir unsere spirituellen Geschenke teilen, nehmen sie zu. In *Ein Kurs in Wundern* heißt es: »Lehren ist Lernen.« Als Lehrerin des *Kurses* kann ich diese Wahrheit nur bestätigen. Ich erlebe, dass sich mein spirituelles Bewusstsein und mein spiritueller Glaube enorm entwickeln aufgrund meiner Bereitschaft zu lehren.

Am Anfang meiner *Kurs*-Studien las ich darüber, dass die Schüler aufkreuzen, wenn der Lehrer bereit ist. Das traf auch auf mich zu. Sobald ich mich bereit erklärte, die Informationen, die ich lernte, zu teilen, erschienen meine Schüler. Sie kamen als Mentees, Familienmitglieder und, in meinem Fall, als Zuhörer, als ich begann, die Botschaften durch Vorträge und Videos zu teilen. Wenn man sich auf einem spirituellen Pfad befindet, fällt einem das Lehren natürlich zu. Du musst nicht in Erfahrung bringen, wen du unterrichten sollst oder wie es weitergehen soll. Vielmehr bleibst du ein demütiger Schüler mit der Bereitschaft, die großartigen Gaben, die dir gegeben wurden, zu teilen.

Es gab Phasen während meiner spirituellen Reise, in denen ich beschloss, mehr zu lernen. Und dann wurde ich geführt, mehr zu lehren. Beispielsweise vernahm ich, bevor ich zu Kundalini-Yoga und -Meditation fand, einen starken Ruf, meine Praxis zu vertiefen. Obwohl ich seit sieben Jahren spirituelle Lehrerin war, suchte ich eine intuitivere Spirit-Erfahrung. Ich betete um mehr Wissen. Meine Gebete wurden schnell erhört, als ich zu einem privaten Kundalini-Kurs eingeladen wurde, den ein guter Freund veranstaltete. Ich mochte Yoga nicht einmal, aber eine Stimme in mir sagte: *Schwing deinen Booty zu diesem Kurs rüber.* In dem Augenblick, in dem ich meiner Lehrerin, Gurmukh, begegnete und die Technik des Kundalini kennenlernte, wusste ich, dass es mir nicht nur bestimmt war, eine hingebungsvolle Schülerin zu sein, sondern auch Lehrerin.

Nachdem ich einen Monat lang Kundalini-Kurse besucht hatte, begann ich laut zu erklären (jedem, einschließlich der Zuhörer meiner Vorträge), dass ich Kundalini-Lehrerin werden würde. Ich hatte keine Ahnung, woher diese Ankündigung kam. Der Spirit sprach durch mich und zog mich zur Verantwortung, als ich Tausenden von Leuten in Vortragssälen und der Twitter-Welt meine Bereitschaft bekannt gab. Ich wurde zum Lehren berufen.

Dann, eines Nachmittags im Kundalini-Kurs, hörte ich meine innere Stimme ständig sagen: *Es ist an der Zeit, zu lehren, es ist an der Zeit, zu lehren.* Unmittelbar nach dem Kurs bedankte ich mich bei der Lehrerin. Sie sah mich an und sagte: »Gabrielle, ich bin mit deiner Arbeit vertraut. Ich denke, du solltest Kundalini unterrichten.« Ich lächelte und akzeptierte die Mitteilung des Universums. Vierundzwanzig Stunden später meldete ich mich zur 270-Stunden-Lehrerausbildung für Kundalini-Yoga- und -Meditation an.

Spiritueller Lehrer zu werden ist nicht deine Entscheidung. Es ist eine unbewusste Verpflichtung, die wir mit dem Universum eingehen. Es ist nicht etwas, was wir tun; es ist etwas, was mit uns geschieht. Wir alle können auf unsere einzigartige Weise lehren. Du musst kein Selbsthilfeautor und Motivationssprecher sein, um spiritueller Lehrer zu werden. Du musst lediglich ein spiritueller Schüler mit dem Wunsch zu dienen sein. Yogi Bhajan sagte: »Wenn du etwas lernen willst, dann lese darüber. Wenn du etwas verstehen willst, dann schreibe darüber. Wenn du etwas meistern willst, dann lehre es.« Du hast es bis hierher geschafft und wahrscheinlich wirst du deinen Ruf zu lehren vernehmen. Verleugne nicht diese innere Stimme. Stoße sie nicht weg mit einschränkenden Glaubenssätzen wie »Ich bin nicht bereit für diese Lehrerausbildung«. Oder: »Wer bin ich denn, diese Werkzeuge und Techniken zu teilen?« Das ist alles absoluter Müll. Wenn du die Entscheidung triffst, deine Geschenke zu teilen, wird das Universum dir alles geben, was du brauchst, um dir dieses Vorhaben zu ermöglichen.

Die Prinzipien in diesem Buch sollen geteilt werden, weil die Welt dringend mehr Licht benötigt. Wenn du gerufen wirst, das spirituelle Bewusstsein, das du hast, zu teilen, dann zögere nicht, das Wort zu ergreifen. Sei der Leuchtturm. In deinem Licht werden andere erleuchtet werden.

Ein Kurs in Wundern lehrt uns: »Ein Wunder ist ein Dienst. Es ist der maximale Dienst, den du einem anderen erweisen kannst. Es ist eine Art, deinen Nächsten zu lieben wie dich selbst. Du nimmst gleichzeitig deinen eigenen Wert und den deines Nächsten wahr.« Wir brauchen mehr Wunderwirker, um die Energie dieser Zeit in Balance zu bringen. Wir brauchen dich.

Wunder-Botschaft #107:
Willst du etwas lernen, lies.
Willst du es verstehen, schreib es auf.
Willst du es meistern, lehre es.
#DuBistDeinGuru

#108: DU BIST DEIN GURU.

Wir sind auf dieser Reise recht weit gekommen. Inzwischen fühlst du dich vielleicht gut ausgerüstet, um schwierige Bereiche deines Lebens in den Griff zu bekommen, dich durch Stress hindurchzubewegen und Leuten in Not Führung anzubieten. Mit deinem neuen Werkzeugkasten kannst du das Leben mit mehr Anmut, Frieden und Furchtlosigkeit erfahren. Das ist ein Wunder.

Trotzdem wird es noch viele Augenblicke des Selbstzweifels und der Selbstsabotage geben. Es wird Gegner in der äußeren Welt geben und Gegenreaktionen des Egos in deiner inneren Welt. Es wird Hindernisse geben, die dich von deinem Glauben an die Liebe abzubringen versuchen.

Diese Hindernisse können dich herunterziehen oder dich emporheben. Das hängt davon ab, wie du dich entscheidest, sie wahrzunehmen. Wenn du Hindernissen mit einer Wunder-Mentalität gegenübertrittst, wirst du Wachstumsmöglichkeiten finden statt Blockaden auf deinem Weg. Wenn du weiterhin deinem inneren Führungssystem vertraust, wirst du stets in die richtige Richtung geführt werden. Sieh ein, dass die Führung, die du benötigst, in dir ist.

Du bist dein Guru, und es ist an der Zeit, dass du dir das eingestehst. Ja, du wirst weiterhin zu Lehrern und Heilern geführt werden, die dir helfen werden, deine Wunder-Muskeln zu stärken, aber die wahre Führung muss von innen kommen.

Jesus sagte:

Wenn ihr das hervorbringt in euch,
wird das, was ihr habt, euch retten.
Wenn ihr das nicht habt in euch,
wird das, was ihr nicht habt in euch, euch töten.

Diese Reise diente dazu, die Ängste aus der Vergangenheit abzulegen und die liebevollere Wahrheit im Innern zurückzugewinnen. Während du diese Prinzipien in deinem Leben umsetzt, wird die Stimme der Liebe bald die einzige Stimme sein, die du hörst. Die Stimme der Liebe wird dich niemals verlassen.

Benutze dieses Buch für den Rest deines Lebens. Wann immer du feststeckst, öffne es auf irgendeiner Seite und vertraue darauf, dass dein innerer Führer dich zu der perfekten Übung geführt hat. Glaube daran, dass die Seiten, die du öffnest, genau das widerspiegeln, was du zu diesem Zeitpunkt brauchst. Vertraue auf die Führung und schreite dann zur Tat.

Vertraue darauf, dass du alle Antworten in dir hast, all die Ressourcen und all das Wissen, um dieses Leben mit Größe und Kraft zu leben. Setz deine innere Kraft mit der Überzeugung eines Heiligen frei. Wisse, dass du dein Guru bist.

Wunder-Botschaft #108:
Du bist dein Guru.
#DuBistDeinGuru

Der Anfang ...

DANKSAGUNG

Viele Menschen haben mir geholfen, dieses Buch in die Welt zu bringen. Als Erstes danke ich meiner Agentin Michele Martin. Du bist meine literarische Partnerin, und es ist mir eine Ehre, mit dir verbunden durchs Leben zu gehen. Mein Dank geht an Louise Hay, Reid Tracy, Patty Gift und das ganze Team von Hay House, es ist wunderbar, Teil eurer Verlagsfamilie zu sein. Ich danke euch allen für eure schwere Arbeit an diesem Buch. Dank an Kelly Wolf und meinem erstaunlichen PR-Team bei Sarah Hall PR, ich danke euch, dass ihr mir geholfen habt, dieses Buch mit der Welt zu teilen. Ich danke meiner Lektorin Katie Karlson, die ihre Magie in jedes meiner Bücher einbringt. Ein besonderes Dankeschön geht an das Designteam, das sich um das Cover und die Innenaufnahmen kümmerte: Chloe Crespi, Emily French, Michael O'Neill und Katrina Sorrentino.

Und mein Dank gilt meinem Mann Zach, ich danke dir, dass du immer an mich geglaubt und mir den Raum gegeben hast, um diese Arbeit mit der Welt zu teilen.

Schließlich danke ich Yogi Bhajan und der Golden Bridge Yoga Community dafür, mir geholfen zu haben, eine gute Lehrerin zu werden und mein inneres Gewahrsein zu erweitern.

Sat Nam

ÜBER DIE AUTORIN

Gabrielle Bernstein ist die *New York Times*-Bestsellerautorin von *May Cause Miracles* (dt.: *Könnte Wunder bewirken*). Sie tritt regelmäßig als Expertin in der *Today*-Show bei NBC auf, wurde in Oprahs *Super Soul Sunday* als Vordenkerin der nächsten Generation vorgestellt und von der *New York Times* als »neues Rollenvorbild« bezeichnet. Sie ist außerdem Autorin der Bücher *Add More ~ing to Your Life* und *Spirit Junkie*. Gabrielle ist die Gründerin von HerFuture.com, einer Social-Networking-Website für Frauen, um diese zu inspirieren, aufzubauen und Kontakte zu knüpfen.

Gabrielle wurde als eine von 16 *YouTube Next Video Bloggers* gewählt. Ihr Twitter Account wurde als einer von *Mashable's 11 Must-Follow Twitter Accounts for Inspiration* genannt – und sie kam auf die Forbes-Liste der *20 Best Branded Women*. Gabrielle hat einen monatlichen Beitrag in der *Today*-Show und eine wöchentliche Radioshow bei Hay House Radio. Reportagen über sie wurden unter anderem veröffentlicht bei: *The New York Times Sunday Styles, ELLE, OWN, Kathy Lee & Hoda, Oprah Radio, Anderson Live, Access Hollywood, Marie Claire, Health, SELF, Women's Health, Glamour, Sunday Times UK*. Weiterhin erschien sie in Titelgeschichten von *Experience Life* und *Self-Made Magazine* (Top-50-Unternehmerinnen).

www.gabbyb.tv